普天之下 盡是好書

普天出版家族
Popular Press Family

凌雲 文創
A-Plus Creative Company

賤人
就是矯情
太相信表象，
最容易上賤人的當
血腥瑪莉——編著
OK
COOL!

英國詩人奧特韋曾經寫道：

**對任何人都不可輕信，**
**因為人的本性就是狡猾、虛偽和言行不一。**

現實往往沒有想像中那麼美好，賤人向你的展示的面貌，也經常和他的本質完全不符，但是，一般人卻容易被表面現象騙得團團轉。正因為我們太容易相信表象，太容易相信賤人矯情的表演，才會老是栽在「賤人」製造的假象之中。

【出版序】

# 太相信表象，最容易上賤人的當

■血腥瑪莉

WISDOM

看事情固然有各式各樣的角度，但後退一步，以最宏觀的角度去觀察，才能看到最貼近事實的模樣。

英國詩人奧特韋曾經說道：「對任何人都不可輕信，因為人的本性就是狡猾、虛偽和言行不一。」

確實，事物所呈現的外貌和它的本身，往往是完全不相符合的，但是，一般人卻容易被表面騙得團團轉。

不信，我們先來看看以下這個笑話。

三隻鴨子因爲被人控告妨害風化，所以一起被移交到動物法院審判。

在庭上，法官問第一隻鴨子：「你叫什麼名字？」

鴨子回答：「呱呱！」

法官問：「案發當時，你正在做什麼？」

鴨子想了想，說：「游泳，戲水，吹泡泡。」

「這聽起來很正常啊！怎麼會妨害風化呢？」法官說：「大概是別人覺得你太愛玩了，所以才告你，希望你得個教訓，以後要勤奮一點、努力工作，知道嗎？」

法官認爲貪玩並不是什麼大罪，苦口婆心地把呱呱訓誡一番之後，便將牠當場無罪釋放。

之後，第二隻鴨子走進了犯人欄，法官問：「你叫什麼名字？」

第二隻鴨子回答：「嘎嘎！」

「案發當時，你正在做什麼？」法官問。

嘎嘎想了想，同樣回答：「游泳，戲水，吹泡泡。」

「你們這些鴨子怎麼都一樣貪玩！」法官勸導說：「以後不可以再這麼貪玩了，要用功讀書、努力工作，知道嗎？」

於是，第二隻鴨子也被無罪釋放了。

接著，第三隻鴨子走到了法庭上，法官問：「你叫什麼名字？」

第三隻鴨子回答：「泡泡……」

賤人就是矯情

莫里亞克曾經提醒我們不要過度相信自己主觀的「直覺」，他說：「口渴的人，是不會懷疑遇上的泉水。」

熟諳此種人性弱點的人，往往就會利用這種心理，對你「頻送秋波」，

讓你絲毫不懷疑他就是準備讓你上當受騙的那雙黑手。

在這個充滿欺騙的年代，尚未看見事情的全貌之前，請不要妄下斷語。因爲，眞相往往會隱藏在最後一塊拼圖裡。

看事情固然有各式各樣的角度，但有時候，你得後退一步，以最宏觀的角度去觀察，才能看到最貼近事實的模樣。

不要輕易相信你的眼睛，因爲你可能只看見了你想看見的部分。人總是得多聆聽自己內在的聲音，才能把你所看不見的事物想清楚。

賤人通常都有一點耍奸耍賤的小聰明，自認爲純眞善良的我們，或許不屑那些所謂的「賤智」，但不容否認的，想想活得平安快樂，有時候這些「賤智」卻是不得不具備的「潛智慧」。

PART1

# 什麼壞事都可能發生

地球是圓的，從自己手中散播出去的病毒在人群中流轉，遲早都還是會回到自己的身上。

CONTENTS

PART 2

## 面對不幸，不要心存僥倖

現實遠不及想像中美好。想像的世界裡沒有意外，只有浪漫，然而，現實世界卻莫名其妙多出了許多風險。

PART 3

# 決定位置就可以決定姿勢

女性意識抬頭，現代女人的角色不只一種，她們可以決定床上的位置，當然也可以擺出自己想要的姿勢。

CONTENTS

PART 4

## 沒有準不準，只有肯不肯

追女生是打籃球，而不是買股票，只要願意出手，投個十次也總會矇中一次，沒有準不準的問題，只有肯不肯的問題。

PART 5

# 懂得珍惜，就會變得神奇

身邊有個心愛的人，可以充滿數不盡的歡笑。愛情讓我們平凡的生活變得神奇，關鍵在於：我們是否懂得去珍惜。

CONTENTS

PART 6

## 只有配不配，沒有對不對

女人用矜持挑逗男人，同時也用矜持試探男人。女人想要的，是一個不管穿著衣服還是脫了衣服，都一樣是君子的男人。

PART 1

# 什麼壞事都可能發生

地球是圓的，從自己手中散播出去的病毒在人群中流轉，遲早都還是會回到自己的身上。

# 別讓秘密變成不倫的證據

WISDOM

一旦曝了光，再怎麼浪漫的愛情也逃不過世俗的撻伐，尋找真愛的堅強勇氣只會淪為姦夫淫婦的不倫證據。

有人說，偷情就和考試作弊一樣，錯的不是行爲本身，而是你怎麼會那麼不小心被人發現？

一名醫生到一個少婦家裡偷情，不巧被這名少婦五歲的兒子毛毛逮個正著。當醫生一邊整理儀容一邊從房間走出來時，毛毛好奇地問道：「醫生叔叔，爲什麼剛才我媽媽一直躺在床上唉唉叫呢？」

「嗯……」醫生想了想，用專業的語氣解釋說：「那是因爲你媽媽身體不舒服，所以才會一直發出那種聲音。」

「可是……」毛毛還是滿臉疑惑，「她爲什麼沒有穿衣服呢？平時她和爸爸躺在床上的時候，也都穿著衣服啊！」

「喔……是這樣的！你媽媽沒有穿衣服，是因爲我在幫她檢查，找出哪裡不舒服。」

「那爲什麼你後來又要把一個東西插到媽媽身體裡面呢？」

「喔！你不懂……那是我在幫她打針！」

## 賤人就是矯情

偷情時，小心隔窗有眼、隔牆有耳。

〈麥迪遜之橋〉是愛情電影中的經典，內容敘述一位生活儉樸，甚至可

以說是平淡無聊的老奶奶死後，子孫在她的日記裡發現了多年前她背著丈夫經歷的一段愛情故事，感動了成千上萬心有戚戚焉的觀眾。

這個故事之所以淒美，在於老奶奶的愛情生活從未曝光，她是帶著這個秘密走進墳墓裡的。

一旦曝了光，再怎麼浪漫的愛情也逃不過世俗的撻伐，尋找眞愛的堅強勇氣只會淪爲姦夫淫婦的不倫證據。

偷情的人也許有千百種理由，但一旦暴露在陽光之下，所有的理由，都將不再是理由。

# 要享受快樂，不要製造麻煩

WISDOM

性慾給我們帶來快樂，但也替我們製造了不少麻煩，因此，要懂得以理性而健康的態度面對。

新簡樸主義作家常常告訴我們，最美滿的人生不是富有的人生，而是自給自足、遊刃有餘的生活。

在解決性需求方面，道理似乎也是如此。

一名八十多歲的老男人向醫生求助：「醫生，求求你幫幫我吧！有沒有那種可以讓我在短時間內恢復性能力的藥呢？」

「的確是有這種藥沒錯，可是……你年紀也大了，爲什麼會突然需要這種藥呢？」醫生問。

「嗯……」老人害羞地說：「因爲最近有個朋友介紹了一個『幼齒』的女孩給我，我約她今天晚上來我家玩……」

「喔！原來是這樣啊！」醫生曖昧地笑了笑，便開給老人一帖新上市的強力壯陽藥。

隔天一大早，醫生急欲知道新藥的功效如何，便打電話去詢問老人。

「那個藥有效嗎？」醫生問。

「喔！那個藥簡直是靈丹啊，實在太神奇了，從昨天晚上到現在，我已經做了七次呢……」

「太好了！那個女孩一定很把你當成英雄般崇拜了吧？」

「那個女孩？」老人回答：「她到現在都還沒有來呢！」

如果讓你選擇，你是寧可當一個天天有異性在身旁的萬人迷，還是不需要靠別人，自己就可以讓自己滿足的「神槍手」呢？

性慾給我們帶來快樂，但也替我們製造了不少麻煩，因此，要懂得以理性而健康的態度面對。

年輕的時候，我們總是埋怨自己的性生活乏善可陳，羨慕別人天天都可以換不同的性伴侶。但是，有沒有想過，等到他朝年老，身體不中用了，連要找個談話的對象都不容易時，我們就會開始羨慕那些不用性伴侶也可以有「性生活」的人。

# 得不到的東西特別美好？

WISDOM

調查報告顯示，現今男性的性幻想對象已不再是玉女形象的女明星，而是成熟嫵媚、身材仍保持姣好的已婚婦女。

家花不如野花香，野花不如鄰居的花香。

人是很奇怪的動物，得不到的東西總是特別好，而自己得不到卻被別人得到的東西，更是好得不得了。

智商不到五十的傻豹經歷了數十次的相親，總算娶了一個窮人家的女兒作媳婦。新婚之夜，傻豹看到老婆一絲不掛的身體時，突然發出一聲驚叫，催促老婆趕快把衣服穿上，然後急急忙忙地硬是送她去醫院。

傻豹神情慌張地告訴醫生說：「不得了了，我老婆下面破了一個洞，你趕快救救她吧！」

醫生看著傻豹的蠢樣，又看到他貌美如花的妻子，便想趁機滿足一下自己的獸慾。於是，他把新娘子帶進手術室，吩咐傻豹在外頭等，沒有他的指示不得隨便進入。

傻豹傻傻地守在手術室門口，聽到老婆在裡面不斷地呻吟，心裡感到相當的不捨，他想，老婆眞可憐，下面破了這麼一個大洞，一定痛得不得了！沒多久，手術裡傳來一聲激昂的尖叫，接著就聽不到任何聲音了。

傻豹覺得不太對勁，該不會是老婆出了什麼事吧！顧不得醫生的命令，他連忙三步併做兩步地衝進手術室裡，看看究竟是怎麼一回事。

進去之後，傻豹看到老婆赤裸裸地躺在床上，兩隻腿張得開開的，一副筋疲力盡的樣子，檢查了一下之後，便怒氣沖沖地對著醫生說：「你這個人一點職業道德也沒有！我是要你用針把傷口縫上，你怎麼可以偷工減料，用漿糊黏呢？」

一份雜誌的調查報告顯示，現今男性的性幻想對象已不再是玉女形象的女明星，而是成熟嫵媚、身材仍保持姣好的已婚婦女。

這究竟是出於什麼樣的心理呢？

專家解釋說，已婚婦女特別有吸引力的原因，是因爲男人渴望在床上證明自己，而「人妻」正好是最具鑑賞能力的一種角色。加上男人喜歡和同性較勁，征服別人的妻子，同時也等於超越了這個女人的丈夫。

比起女人，男人的虛榮心其實有過之而無不及。只是，不知道男人在勾引別人的老婆時，他的老婆又在做些什麼呢？

# 年齡不同，際遇大不相同

WISDOM

青春的魅力，凡人無法擋！錯過了花開的季節，女人只能得到男人的尊重，卻很難得到男人的傾慕。

小強因爲小弟弟操勞過度，感覺有異，所以跑到醫院求診。

躺在病床上，一名老護士叫他把內褲脫掉，等待醫生過來檢查。

小強照著護士的話去做，沒想到老護士看了他的小弟弟一眼，便像發現新大陸似的，紅著臉跑了出去。

外面的年輕護士見狀，驚訝地問她：「怎麼了？」

老護士悄悄地說：「我跟妳講，裡面那個病患實在太變態了，可能太愛玩線上遊戲，竟然在自己的小弟弟上面刺了『三國』這兩個字呢！簡直可以媲美岳飛的『精忠報國』了！」

「眞的嗎？好有趣喔！我去看一看！」

年輕的護士好奇地跑進去探個究竟。幾分鐘之後，她一邊皺著眉頭走出來，一邊喃喃自語地說：「好奇怪喔！」

「有什麼好奇怪的？」老護士問。

「難道是我的眼睛有問題嗎？我看到的怎麼會是『三民主義統一中國』呢？都什麼年代了，眞的很變態！」

賤人就是矯情

女人的年齡不同，際遇也就不同。

青春的魅力，凡人無法擋！錯過了花開的季節，女人只能得到男人的尊重，卻很難得到男人的傾慕。

年輕就是最大的本錢，青春無敵，有哪個男人可以視若無睹，忍住不向花樣年華的少女行注日禮？

年輕的女人，像籃球，十幾個人搶一個；年老的女人，是高爾夫球，男人恨不得它滾得越遠越好。

不同年齡受到不同的待遇，是女人的宿命，也是男人的劣根性。

# 什麼壞事都有可能發生

WISDOM

地球是圓的，從自己手中散播出去的病毒在人群中流轉，遲早都還是會回到自己的身上。

人總是盲目地相信自己比別人走運，從沒想過某些出乎預料的好運道，其實是包藏禍心的「仙人跳」。

在這個什麼壞事都可能發生的年代，千萬別太相信表面現象，否則到頭來恐怕會讓你有痛不欲生的感覺！

一天夜裡，老吳著急地打電話給他們的家庭醫生，劈頭就說：「醫生！

怎麼辦？我的孩子好像得了梅毒！」

醫生聽了，趕忙安慰他說：「冷靜點，別緊張！明天早上過來診所，我幫他打一針以後就會慢慢好起來的。」

醫生說完，還特別囑咐道：「這種病會傳染，所以在完全康復之前，你要叮嚀你兒子千萬不可以有性行爲。」

「啊！那糟了！」老吳驚叫一聲之後說道：「他昨天好像才和我們家的女傭做過耶！」

「那麼明天早上，就順便叫你們家的女傭也來打一針吧。」

「可是……我今天早上也和我們家的女傭做過了耶！」

「喔？是嗎？你們家可眞亂！」醫生說：「那你也得打一針了！」

「而且……」老吳有些不好意思地繼續對醫生說：「我今天晚上，也和我老婆做過了耶！」

「什麼！你說什麼！」醫生忽然甩下手裡的話筒，緊張地大叫：「那我也得趕快打一針了！」

所謂「天有不測風雲，人有旦夕禍福」，當一個人不走運的時候，什麼壞事都有可能發生。

不要以爲你「有燒香有保庇」，因爲人際網絡比你想像中還複雜，而這個世界也沒有你以爲的那麼大。

人際傳播的力量眞是可怕！即使這世上沒有神明，我們也不得不相信有「報應」這回事，因爲地球是圓的，從自己手中散播出去的病毒在人群中流轉，遲早都還是會回到自己的身上。

因此，做虧心事之前，要先想到這一點，所謂「己所不欲，勿施於人」，今天你對不起別人，總有一天，你也會被人辜負。

# 多一點準備就少一點懊悔

WISDOM

人生不如意事十有八九，與其等到意外發生了再來搥心肝，倒不如多想一點，多準備一些。

許多人喜歡按照計劃行事，但是計劃總趕不上變化，如意算盤打多了，小心幸運之神不跟著你的計劃走！

「醫生，請開給我最強力的壯陽藥，因爲我今天晚上要同時和一對雙胞胎上床。」阿威既得意又興奮地對醫生說。

醫生照著他的要求，開了最強力的壯陽藥給他。

第二天一大早，阿威又來到醫院了。

「昨天開的藥有效嗎？」醫生問。

「非常有效，藥效持續了一整個晚上，我到現在都還沒有睡覺呢！」

「那你今天來是爲了什麼呢？」醫生接著問。

「是這樣的，」阿威有點不好意思地回答道：「我想請你幫我開一些用來塗抹破皮傷口的軟膏。」

「喔！」醫生露出了恍然大悟的表情，一副過來人的樣子，對他說：「你是要擦在你的……」

「是啊，昨天那一對雙胞胎一個也沒有來！所以我只好……」

賤人就是矯情

電影〈霹靂嬌娃〉裡的中心思想，就是她們總在計劃A之外，還有個計劃B，當計劃A行不通時，立刻改用計劃B，好幾次，她們就是這樣化險爲夷，扭轉劣勢，成功完成任務。

不只是電影，現實生活中，計劃B也是有它存在的必要。未雨綢繆也好，杞人憂天也好，你不能不承認，人生不如意事十有八九，與其等到意外發生了再來捶心肝，倒不如多想一點，多準備一些。

千萬要記住，幸運之神不會永遠跟著你，有些時候多做一點準備，你就是你自己的幸運之神！

# 男人的嘴最吸引人

WISDOM

男人不管到了幾歲，他們最吸引人的都只有那張嘴。即使是最不風光的時候，他們仍然可以用那張嘴——舔女人的腳趾。

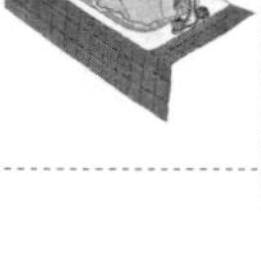

老年人的性生活固然不若年輕時來得精采，但是，有些老人們「知其不可而爲之」的精神，卻仍然值得年輕人效法。

有個老頭子省吃儉用存了一些錢，打算娶個年輕貌美的女孩爲妻，好照顧他渡過晚年生活。結婚之前，老頭子特別去醫院進行健康檢查，以便了解自己的身體狀況，好對未來新娘交代。

醫生替病人量了血壓、做完了基本檢查後，告訴老頭子說：「你的心臟、腎臟都很健康，血壓和心肺功能也都沒有什麼大問題，現在，我們就來檢查一下你的性器官功能正不正常……」

老頭子聽了，立刻把自己的舌頭和手指伸到醫生面前。

## 賤人就是矯情

男人和女人的性功能都會隨著年齡而退化，對異性的吸引力也會隨著年齡而有所改變。四十歲以前，女人的臉蛋比身材更重要；四十歲以後，女人的身材比臉蛋更重要。而男人不管到了幾歲，最吸引人的都只有那張嘴。

四十歲以前，他們用那張嘴講未來的山盟海誓；四十歲以後，他們用那張嘴講過去的豐功偉業。得意的時候，他們用那張嘴灌輸女人甜言蜜語；即使是最不風光的時候，他們仍然可以用那張嘴——舔女人的腳趾。

# 男人總是控制不了半身

WISDOM

好色的基因之於男人，就像多餘的脂肪之於女人一樣，無論多麼希望它消失不見，還是不得不接受它是自己身上的一部分。

愚蠢的男人被身邊的女人一手掌握，聰明的男人儘管不受任何女人支配，卻仍然受自己的下半身支配。

一位醫師以擅長割包皮聞名，有一天，他突發奇想，打算把所有割下來的包皮都收集起來當作紀念。幾年以後，醫師年事已高，正準備退休。於是，他把歷年來所收藏的包皮全部整理出來，思量再三之後，決定把它們交給皮匠，製作一個全世界獨一無二的皮製品。

兩個禮拜後，皮匠通知他去取貨。醫師看著皮匠手中的成品，詫異地問：「我給你這麼多皮，你怎麼只做成一個小皮包而已？」

皮匠笑了笑，不慌不忙回答道：「你只要用手稍微撫摸它一下，它馬上就會變成一個大皮箱了！」

## 賤人就是矯情

做男人其實很無奈，無論大腦如何清心寡慾，下半身卻仍然不聽使喚。女人總是罵男人好色，事實上，「余豈好色哉？余不得已也。」

好色的男人固然可恨，但也可憐，好色的基因之於男人，就像多餘的脂肪之於女人一樣，無論你多麼希望它消失不見，都還是不得不接受它是自己身上的一部分。

# 認識自己，才能活出自己

WISDOM

人之所以會誤解、會犯錯，其實都是因為對自己的了解不足。認識自己，你便無所恐懼；認識自己，你才能活出自己。

人，總是要認識自己，認識自己的身體，也認識自己的心靈。當一個人充分了解自己以後，他自然知道自己能夠做什麼，以及不能做什麼。

呆呆正就讀小學五年級，一天中午，他和女生一起玩，玩著玩著，突然覺得自己的小弟弟莫名其妙「腫」了起來。

呆呆感到非常害怕，但又不知如何是好，只好偷偷向平時最要好的瓜瓜報告這起奇妙的事情。瓜瓜建議他說：「你還是趕快到保健室去吧！」

呆呆於是摀著腫大的小弟弟，邁著艱鉅的步伐，跑到保健室去。回到教室後，呆呆告訴瓜瓜說：「你知道嗎？保健室的護士阿姨好厲害喔，她只用兩隻手把我的小弟弟擠啊擠的，就把我裡面的『膿』全都擠出來了，膿流出來以後，我的小弟弟馬上就消腫了，而且還一點傷口都沒有呢……」

## 賤人就是矯情

成長的過程，其實就是一個人學習和自己相處的經過。

小時候的我們，急於認識這個世界；一直到長大以後，我們才明白，人來這世上走一趟的眞正目的，其實是認識自己。

人之所以會誤解、會犯錯，其實都是因爲對自己的了解不足。認識自己，你便無所恐懼；認識自己，你才能活出自己。

# 貪小便宜，小心付出加倍利息

WISDOM

人們可以把握機會撿便宜，卻不要妄想去佔便宜。小心！當你的付出和回收不成比例時，對方可是要追加利息的！

俗話說：「便宜沒好貨」，便宜人人想撿，但便宜的東西往往充滿陷阱。想撿便宜的時候，記得一定要張大眼睛！

一家新開幕的妓院以兩百塊一次的低價吸引客人，年少不經事的小明感到春心蕩漾，便選在一個月黑風高的夜裡，偷偷摸摸前去開開眼界。

一走進店裡，一個妖嬌美麗的女人出來迎接他，親切地對他說：「小帥

哥！你要一千的還是要兩千的？」

「你們的宣傳單上不是說一次兩百嗎？」小明沉著臉問。

「喔……那你往那邊去就是了！」女人面露不悅，指著旁邊的門說。

小明來到那扇門前，看見門牌上寫著「請進」兩個大字。

他走進門內，發現前面又有一個門，門上寫著：「慢一點！」

於是，小明以極慢的動作推開這扇門，發現眼前又有一扇門，上頭寫著：「喔！不要停！」

再走進去，小明又連續推開了好幾扇門，分別寫著：「快一點！」「喔……對……就是這裡！」「啊……快不行了！」

最後，他推開一扇寫著「喔！出來了！」的門之後，赫然發現自己已經走到大馬路上了。

小明還搞不清楚究竟發生了什麼事，回頭看著自己身後那扇門，上頭寫著：「很爽吧！記得下次再來喔！」

現實往往沒有想像中美好，外貌和事物本身也經常不相符合，但是，一般人卻容易被表面現象欺騙。

想用兩百塊享受到一千塊的服務？別想了，還是回去做夢吧！

平心而論，價格低廉的東西的確有它的吸引力，然而，隱藏在吸引力背後的，卻是更大的商機。

人們可以把握機會撿便宜，卻不要妄想去佔便宜。小心！當你的付出和回收不成比例時，對方可是要追加利息的！

PART 2

# 面對不幸，不要心存僥倖

現實遠不及想像中美好。想像的世界裡沒有意外，
只有浪漫，然而，現實世界卻
莫名其妙多出了許多風險。

# 停留在幻想，就不會有人受傷

WISDOM

性幻想，畢竟只是一個人私密的想像。幻想之所以美好，正是因為在我們的幻想中只有快樂，沒有人會受傷。

越想欺騙別人的人，越會裝模作樣，利用各種假象進行偽裝。在這個「仙人跳」盛行的年代，千萬別太相信自己的直覺，否則到頭來恐怕會讓你有痛不欲生的感覺！

小惠夫婦到非洲自助旅行，在當地，他們特別請了一個黑人當導遊。

這位黑人年輕力壯，一身結實的肌肉，看得小惠心花怒放。

一天，小惠利用丈夫去打獵，留她一個人在旅館的空檔，打算品嚐一下傳說中的「黑色電動馬達」。

沒想到，這個黑人的性能力比她想像中的還要好，整個服務持續了將近兩個小時，小惠從來沒有體驗過這種欲仙欲死的愉悅感覺。

食髓知味以後，小惠背著丈夫沉浸在與黑人導遊的魚水之歡中，感覺自己全身每個器官都重新活了過來。

到了要回國的日子，讓小惠滿心憂慮的，就是怕回國之後再也無法嚐到如此這般的激情了。黑人導遊看出了小惠的心事，臨走前，鄭重地對她說：「夫人，妳不用擔心，我們部落有一種流傳已久的巫術，可以解決妳的問題。妳回去以後，若是感覺需要我時，就不斷重複地唸：『咕魯咕魯、叭嘎叭嘎……』，然後，妳就會感覺到我在服務妳了。」

小惠謹記黑人的話，依依不捨地和老公踏上歸途。

當晚，小惠在睡夢中感覺到自身高漲的情慾，於是，她就照著黑人的話，喃喃唸著：「咕魯咕魯、叭嘎叭嘎……」，結果，那名黑人果眞在她的夢中出現，令小惠感到前所未有的滿足。

第二天晚上，小惠又想再來一次，豈知正當她躺在床上唸著咒語的時候，丈夫突然出現在她身邊，粗聲粗氣地問她：「妳嘴巴嘀嘀咕咕的，究竟在唸些什麼啊？」

「喔……沒什麼，」小惠眼神游移地說：「我是在唸非洲土著教我的保平安咒語……」

「是嗎？聽起來很有趣！要怎麼唸呢？」

「很簡單，你只要一直唸『咕魯咕魯、叭嘎叭嘎……』就可以了！」

丈夫聽了，立刻閉上眼睛，誠心誠意地唸著咒語，孰料，唸到一半時，忽然大叫：「哇……好痛啊……我的屁股……」

問女人：「妳可以忍受另一半的性幻想對象不是妳嗎？」

女人回答：「當然可以啊！但是只能是幻想，不能來眞的喔！」

問男人：「你可以忍受另一半的性幻想對象不是你嗎？」

男人想了一下，反問道：「那該不會是我的朋友吧！」

男人和女人同樣都有對性的憧憬，然而，大多數女人都願意給男人一個無限的幻想空間，而許多男人卻連女人的幻想也不放過。他們希望女人即使是在做夢，夢到的也仍然是自己。

不管多麼親密的伴侶，在這方面似乎也會有所保留。性幻想，畢竟只是一個人私密的想像。

當幻想有美夢成眞的一天時，請趕緊把握，但是，噓……不要說。幻想之所以美好，正是因爲在我們的幻想中只有快樂，沒有人會受傷。

# 兩人相處，不需太過計較

WISDOM

女人照顧男人的日常生活，男人提供女人一個倚靠的臂彎，所謂的「永遠」，就是在這樣的相互扶持中逐漸形成的。

法國文豪巴爾札克在《人間喜劇》裡寫道：「別對男人的品格抱持過高的希望，他給妳造成的痛苦，也許比他帶來的歡樂還要多。」

因爲，大多數男人所謂的愛情，其實都只是過度誇張的情慾，他渴望得到的不是妳，而是妳的軀體。

即使是再愚蠢再醜陋的男人，想要引誘女人的時候，也會裝腔作勢地向女人誇耀自己有多麼了不起的成就。

其實，男人的眞實企圖，就表現在他們的生理反應上。

一對男女參加天體營，男的問女的說：「爲什麼每次我對妳說『我愛妳』，妳都要低頭看？究竟妳是在看什麼？」

女的回答：「我是在看你說的是不是眞心話……」

性器官對男人來說，不僅具有傳宗接代的生理意義，也是表達內在慾望的指標，更深深左右著男性的自尊心，千萬不能隨便「玩弄」。

話說，小明去到一家天體營俱樂部，和其他人一樣，高高興興地脫了衣服，躺在沙灘上，愜意地享受溫暖的太陽。沒過多久，有個小女孩坐到小明身邊，好奇的指著小明的「那裡」說：「叔叔，那個是什麼？」

小明得意洋洋地回答：「那是叔叔的小鳥，妳不要亂動喔！」話剛說完不久，小明就舒服地睡著了。

醒來之後，他發現自己躺在醫院裡，下體感到十分疼痛，而小女孩站在病床旁邊，一副憂心忡忡的樣子。看見這個情況，令小明又驚又恐，急忙問小女孩：「究竟發生了什麼事？」

小女孩於是惡人先告狀地說：「我和你的小鳥玩了一會兒，可是，它竟然沒禮貌的向我吐口水！我很生氣！所以，我就折斷它的頸子、剝了它的皮、搗毀它的蛋、燒了它的巢！接著，你就被送到這裡了……」

## 賤人就是矯情

概括來說，男人生命中各個階段渴望的成功，可以說都是圍繞在性器官之上。有一種戲謔的說法是：「男人在四歲的時候，成功就是不會尿在褲子上；十二歲的時候，成功就是有朋友圍繞；二十歲的時候，成功就是擁有性生活；三十五歲的時候，成功就是賺大錢；六十歲的時候，成功就是擁有性生活；七十歲的時候，成功就是有朋友圍繞；八十歲的時候，成功就是不會尿在褲子上。」

這就是男人在各個階段中所要努力的目標，女人唯一能夠幫助他們的，似乎就是在他六十歲的時候仍然做他的性伴侶，在他七十歲的時候能夠當他最要好的朋友，並且當他尿在褲子上的時候，照顧他，不要取笑他。

這麼聽起來，女人好像很命苦，除了性伴侶的角色，還得照顧男人的生活起居，必要時，還要兼任心靈導師的工作。

不過，女人照顧男人的日常生活，男人提供女人一個倚靠的臂彎，所謂的「永遠」，就是在這樣的相互扶持中逐漸建立的。要是太過計較彼此付出得多或少，相處起來不就顯得太沒意思了？

# 與其比大小，不如比誰比較好

WISDOM

女人不像男人那般膚淺，除了裝在褲子裡的東西之外，女人也在意裝在男人腦袋裡，以及裝在口袋裡的東西。

同一件事情，每個人看的角度都會有所不同；男人和女人不同，東方人和西方人不同，當然，我和你也會不同。

老王和老李到賭城拉斯維加斯觀光，看了洋妞表演的火辣上空秀之後，兩人不禁感到慾火中燒，打定主意要好好去尋歡作樂一番。

不過，要快樂也要顧安全，老王和老李想到現在愛滋病如此猖獗，不怕

一萬，只怕萬一，多一分準備，少一分遺憾；因此，他們來到一家藥房，打算買幾個保險套。

只是，保險套的英文要怎麼講呢？兩人在老闆面前比手劃腳了老半天，都還比不出個所以然來。

一時情急之下，老王一手把錢放在櫃台上，另外一隻手拉下褲子拉鍊，把自己的寶貝亮出來；老李見狀，也硬著頭皮照做。他們心想：都已經表達得不能再清楚了，這個笨老外總該了解意思了吧！

皇天不負苦心人，老闆看了他們滑稽的動作，笑了笑，對他們點點頭，似乎對一切了然於胸的樣子。

可是，他接下來的動作可就讓老王和老李搞不懂了。

只見老闆也跟著他們緩緩地把褲子拉鍊拉開，掏出自己美國尺寸的寶貝放在櫃台上，然後驕傲地用英語說：「我的最大，通吃！」

接著，他便老實不客氣地把櫃台上的錢全數放進自己的口袋。

幽默作家馬克吐溫曾經打趣地說：「在這個世界上的諸種享樂之中，男人最關心的就是性活動。」

許多男人喜歡和別人比大小，喜歡誇耀自己的功夫有多好，其實，在女人眼中，這些都只是自以爲是。

男人對大小總有個先入爲主的迷思，以爲大就是強，大就是好。其實，大而無用的人還眞不少！

與其比大小，不如看看誰的內容好。男人要知道，女人可不像男人那般膚淺，除了裝在褲子裡的東西之外，女人也在意裝在男人腦袋裡，以及裝在口袋裡的東西。

# 面對不幸，不要心存僥倖

WISDOM

現實遠不及想像中美好。想像的世界裡沒有意外，只有浪漫，然而，現實世界卻莫名其妙多出了許多風險。

夫妻生活不會永遠都像電影演出那般完美。但也因爲如此，我們有了比童話故事更多采多姿的情節，有了比電影畫面更精采的ＮＧ鏡頭。

小強和小玲剛剛結婚，因爲他們年紀尚輕，所以不打算這麼早就有小孩。

新婚之夜，小強特地去買了保險套，以做好萬全的準備。

由於經驗不足，小強一味沈浸在達到頂點之後的快感，一時大意，保險套竟整個脫落，滑進了小玲的身體裡。

「怎麼辦？這樣會懷孕耶！」小玲緊張地說。雖然她並沒有什麼性經驗，但這點常識她還是知道的。

「沒關係，我趕快找個東西把套子勾出來！」小強故作鎮定地安慰她。

環顧四周之後，小強從梳妝檯上拿了一枝鉛筆，想要把套子挑出來，豈料手一滑，連鉛筆也滑進了小玲的身體裡。

「喂！你到底在幹什麼？萬一我懷孕了怎麼辦？」小玲不禁出聲抗議，憂心忡忡地問。

此時小強也別無他法，只有自欺欺人地說：「不會那麼倒楣啦！」

結果，他們就是這麼倒楣！十個月之後，小玲順利地產下一名小寶寶。讓人感到奇怪的是，小寶寶才剛落地，頭上竟然就戴著一頂帽子，手裡還拿著一根小枴杖……

這當然是一則有心人編出來的超現實笑話，不過，也若干程度提醒我們：人生隨時可能發生不幸，不要心存僥倖。

誠然，現實遠不及想像中美好。想像的世界裡沒有意外，只有浪漫，然而，現實世界卻莫名其妙多出了許多風險。

面對上帝開的玩笑，你可以埋怨現實，一股腦兒活在想像世界裡，也可以勇敢地接受現實，從中發現裡頭那些「上帝的玩笑」若非親身經歷過，你永遠也想像不到的美好。

# 不要一味相信自己的好運

WISDOM

人就是這樣子，一味相信著自己的好運，沒想過無論你走運了多久，恐怕也承受不了一次的壞運氣。

不幸的意外也許是命中注定，但我們仍然要相信事在人爲，只要小心提防就不會捶胸頓足地後悔。

因爲，很多時候，意外其實都是自找的。

有個有錢的花花公子整天以吃喝玩樂、混吃等死爲職志。一天，他開著自己新買的名貴跑車，帶著新把的辣妹上高速公路飆車。

一路上，兩個人不停卿卿我我、打情罵俏，興之所致，還不顧旁人的眼光，在光天化日下做出一些親密的舉動。

爲了增加刺激和快感，男人猛踩油門，越飆越快……

突然間，車前傳來一聲巨響，頓時煙霧瀰漫，原來車子撞上了分隔島，滑行了好幾公尺才好不容易停住。

幾分鐘之後，警察人員匆匆忙忙地趕到事故現場，幸好兩人命大，車毀人安，都仍毫髮無傷坐在位子上。

不過，車上那名女子似乎受了很大的驚嚇，只見她的嘴巴大張，良久都還閉不起來，而車上那名男子，則發了瘋似地不斷大哭大叫，一點男子漢的氣概也沒有！警察見到這副景象，不屑地說：「人沒事就好，車子再買就有了，你幹嘛哭成這樣啊！」

男子抽噎著說：「我當然要哭啊！你難道沒看到，我女朋友嘴裡含著的是什麼啊！」

有一位朋友把車子借給好友開，結果，好友把他的車子撞壞了。我的這位朋友非常難過，好幾夜不能成眠。

雖然是老生常談，但是我還是要告訴他：「早知如此，何必當初！」

如果那部車眞的是他的寶貝，他又怎麼捨得把它交到別人的手上。既然交到了別人的手上，也就表示他應該要承受得起失去的風險，不管發生了什麼事，最終都還是要自己負責任。

人就是這樣子，一味相信著自己的好運，沒想過無論你走運了多久，恐怕也承受不了一次的壞運氣。

災難發生，通常只需要一次偶然的機會，而這次機率只有千萬分之一的偶然，往往都是人們自己給的。

# 愛與不愛決定戴與不戴

WISDOM

過去女人的矛盾點在於「做與不做」，而現在女人已經跨越了這層障礙，唯一的掙扎是「戴與不戴」。

當女人說「不要」時，男人把她的話定義爲「現在不要」，他們認定女人下一秒鐘就會改變心意；但是當女人說「要」的時候，男人又把她的話聽成「遲一點要」，他們很少可以立刻達成女人的願望。

女人的反反覆覆令男人迷惑，然而，男人的出爾反爾卻令女人心寒。

一個情場高手在夜店裡挑逗一個美麗的女子。

「美麗的小姐，請問我可以請妳喝杯酒嗎？」

「不！我不要。」女子毫不留情，一口回絕。

「那麼，我可以帶妳去吃一餐浪漫的燭光晚餐嗎？」

「不！我不要。」

「那麼，我可不可以帶妳去我住的地方，我們可以看看夜景、聽聽音樂，然後把燈關上……」

「不！我不要。」

「那麼，我可不可以把妳抱到我的床上，脫光妳的衣服，然後和妳瘋狂做愛……」

「不！我不要。」

「那麼，我可不可以和妳肌膚相親，進行零距離接觸，甚至連保險套也不戴……」

「不！你一定要戴！」

曾經問過一個腳踏多條船的女人，這麼多交往的情人在她的心目中，到底有什麼分別？她說：「當然有，就算是情人，也有熟與不熟之分。」

「喔？是嗎？」我不禁好奇地追問下去：「那麼，妳又是怎麼去區分熟和不熟的呢？」

她抽了一口菸，仔細地想了想，然後笑著回答我說：「那就看有沒有戴套子囉！」

過去女人的矛盾點在於「做與不做」，而現在女人已經跨越了這層障礙，唯一的掙扎是「戴與不戴」。是世風日下、人心不古？還是女人當道、自我覺醒？端看愛與性在你的心目中各自佔有多大的比重。

# 慾望總是讓男人充滿幻想

WISDOM

慾望滋長愛情，愛情也同樣滋長慾望。誰說愛不是慾，愛是純潔的？愛裡必然包含慾望，還包含了渴望，以及希望。

情竇初開的小傑新交了一個女朋友，兩人正處於你儂我儂的熱戀階段。

今晚，女友打算首度來參觀小傑的住處，心花怒放的小傑特地把房間整理乾淨，在女友到達以前，興沖沖地跑到西藥房買了一打保險套。

回到家裡，剛好接到女友的電話，講了兩句親了兩下以後，小傑再度欣喜若狂地直奔西藥房。「老闆，請再給我兩打保險套！」

「咦？你剛才不是已經來買過一打了嗎？怎麼可能這麼快就用完了呢？」

老闆疑惑地問。

「沒辦法，我本來想說一打保險套應該就夠了，可是她剛才打電話來說，今晚可以留在我家過夜，所以……」

## 賤人就是矯情

慾望滋長愛情，愛情也同樣滋長慾望。誰說愛不是慾，愛是純潔的？愛裡必然包含慾望，除此之外，還包含了渴望，以及希望。

人性本色，特別是青少年，腦袋裡總是充滿了對異性的綺想。因此，不要埋怨你的男朋友滿腦子都是一些黃色思想，現在他會編的故事騙妳上床，過了十年之後，難保不會輪到妳編個故事去騙他上床。

再過二十年之後，力不從心的他更會編個故事好拒絕和妳上床，到了那個時候，或許妳會懷念此時年輕而充滿邪惡念頭的他。

# 在腦袋與身體之間取得平衡

WISDOM

很多時候，女人欲拒還迎不是為了挑逗，而是為了延緩動作，好讓自己在腦袋與身體之間取得平衡。

小明認識了一個漂亮的美國女孩。

因爲聽說美國女孩都很開放，所以第一次帶她回住處，小明就很不老實地對她展開攻勢。

那名美國女孩察覺到小明不規矩的舉動，連忙制止他說：「Oh! Please don't touch me!」

然而，此時的小明早已慾火焚身，根本顧不了什麼仁義道德、禮教規矩，兩隻手像有了自己的意志似的，不住地在女孩的胸部游移。

女孩再度反抗著說：「Oh！Please don't touch！」

小明非但沒有照女孩的話去做，反而還變本加厲地繼續吃她豆腐。

這時，女孩說：「Oh！Please don't！」

事已至此，壓抑已久的慾望猶如火山爆發，猶如萬水齊發，小明不顧一切地把女孩的衣服脫掉，開始實踐他早已幻想千百次的事情。

這時，只聽見女孩說：「Oh！Please！」

又過了幾分鐘，女孩不再說話，從她的嘴巴裡只不斷發出急促而興奮的：

「Oh！……Oh！……Oh！」

## 賤人就是矯情

男人受身體支配，經常「身不由己」；女人雖然受腦袋支配，但卻仍無法忽略身體對自己產生的影響。

女人比男人更矛盾，雖然腦袋在說「不」，身體卻已經說「好」，因此，女人比男人更有理由埋怨自己。

很多時候，女人欲拒還迎不是爲了挑逗，而是爲了延緩動作，好讓自己在腦袋與身體之間取得平衡。

男人或許只需用身體，就可以輕易說服女人，但男人必須用心靈，才可以成功征服女人。

# 亂留鬍子，小心吐血而死

WISDOM

除了少數從事創意產業的「型男」之外，留鬍子給人的印象通常代表著人生的低潮，例如失戀、失業或失意。

有的男人喜歡留鬍子，留鬍子雖然感覺時尚，像個雅痞，但若是你沒有一張適合頹廢氣息的臉蛋，或者不懂得「整理」，滿臉的鬍子可能會讓你看起來像耶穌或是流浪漢，甚至衍生意想不到的麻煩！

一名男子覺得自己的鬍子不夠多，不能顯示他的男性魅力，所以異想天開，把自己的頭髮移植到到嘴巴上，看上去雖然很自然，但是幾天下來，新植的鬍子裡卻一直掉出白白的頭皮屑。

這名男子於是改將自己腋下的毛移植到嘴巴上，但是效果仍然不盡理想，只要他稍微動一動嘴巴，就會一直聞到陣陣的狐臭味。

於是，男子想出了一個解決的方法，他把自己的陰毛移植上去，結果，每當他看到穿著比較暴露的女生，舌頭就會不自覺地硬起來。

這該怎麼辦呢？男子的太太爲了分擔丈夫的辛勞，突發奇想，建議丈夫把改用女性的毛髮，將太太「那裡」的毛移植過去。

這下子，沒有皮屑也沒有異味，舌頭更加不會動不動就硬起來。

誰知，認爲這個方法萬無一失的男子，最後竟然因爲貧血而死。原來移植新鬍子之後，每隔二十八天他都會吐血一次……

留了鬍子就可以增加自己的男人味？我想，這只是那些留鬍子的男人一廂情願的想法。

如果你認爲，留鬍子有助於提升你的男子氣概，那麼再讓我告訴你一個殘酷的事實：在華人地區，有超過百分之二十以上的男同志都是蓄鬍的！

當然，你可以說，這是一種流行、前衛，甚至時尚，是新時代男性的表徵之一。不過，除了少數從事創意產業的「型男」之外，留鬍子給人的印象通常代表著人生的低潮，例如失戀、失業或失意。

還有人一見到留鬍子的男人，第一個反應便是：「你家死人了啊？」

一項調查顯示，超過百分之八十的台灣男性認爲沒有鬍子、乾淨的臉龐有助於提升自己給別人的印象，無論是在職場或是在婚姻市場。而有超過百分之九十的台灣女性則希望自己的另一半把鬍子刮乾淨。她們認爲這才是一個正常男人該有的樣子。

PART 3

# 決定位置就可以決定姿勢

女性意識抬頭，現代女人的角色不只一種，她們可以決定床上的位置，當然也可以擺出自己想要的姿勢。

# 相信潛力，也要清楚能力

WISDOM

當事情一旦有了強迫的成分在，原有的快樂就會不可避免減半。做愛如此，做人也是如此。

三更半夜裡，一個男人猛敲牙科診所大門。

牙醫從溫暖的被窩中掙扎著爬起來，以爲有什麼重大事件，連拖鞋都還來不及穿，就急急忙忙地跑來開門。

「醫生，請你救救我！我的『那裡』好痛啊！」男人用手按著胯下，整張臉扭曲成一團，一副眞的很痛苦的樣子。

「先生，我想你搞錯了吧？我這兒是牙科耶！你『那裡』有問題，應該要去找泌尿科或內科才對！」

「我沒有搞錯！」男人依舊堅持己見：「我來這裡就是要請你這位牙醫幫忙，把卡在我老二上面的那一排假牙拔出來啊！」

## 賤人就是矯情

看了這則故事，想必你一定猜得到那排假牙的主人是誰，以及事發當時，他們正在做什麼。當口腔健康、牙齒健全的時候來點刺激的遊戲，不失爲夫妻之間的情趣，但是當你垂老矣矣，那可眞是自己找罪受了！

人應該要相信自己的潛力，但也要體諒自己現有的能力。逞強有可能造成危機，人還是應該清楚明白地知道自己的底線在哪裡。

凡事都應該要盡力而爲，但千萬不可勉力去做。一旦事情有了強迫的成分在，原有的快樂就會不可避免地減半。做愛如此，做人也是如此。

# 決定位置就可以決定姿勢

WISDOM

女性意識抬頭，現代女人的角色不只一種，她們可以決定床上的位置，當然也可以擺出自己想要的姿勢。

春麗來到醫院，請醫生治療她膝蓋多處的擦傷。醫生看著那些又紅又腫的傷口，心想一個人再怎麼不珍惜自己，也不能把身體傷成這個樣子啊！

「妳是經常發生車禍嗎？怎麼會弄成這個樣子呢？」醫生一邊替春麗擦藥，一邊於心不忍地問。

「是因爲……」春麗欲言又止，低著頭害羞地說：「因爲我老是用小狗的姿勢做愛，所以才……」

「那麼，難道妳不能換換其他的姿勢嗎？」醫生不解地問。

「我當然能，」春麗回答：「可是我們家的狼狗不能啊！」

## 賤人就是矯情

過去女人的權利，在於能否掌管家庭的經濟，而現在女人的能力，則在於可否決定床上的位置。女性意識抬頭，現代女人的角色不只一種，她們可以決定床上的位置，當然也可以擺出自己想要的姿勢。

男人比狗好的地方，在於他們會說甜言蜜語，會靈活更多的技巧，以及更加變幻無窮的體位。若是男人，心只想躺在床上等高潮，滿腦子關心的只有自己的慾望、個人的享受，那麼這種男人和狗有什麼差別？

現代女人懂得扮演各式各樣的角色，當男人變成和狗無異時，女人是寧可養狗，也不肯屈就於男人的。

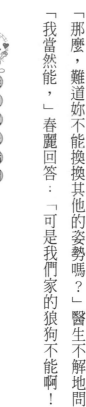

# 女人比男人更有忠貞的義務？

WISDOM

雖然說，女人是比男人更能壓抑生理需要的動物，但難道正因如此，女人就比男人更有忠貞的義務嗎？

村子裡的教堂新來了一個外籍神父，依照天主教的規定，神父每天都要聆聽村民的告解。

一天，來了一名年輕的女子，低著頭對神父說：「神父，我有罪！」

「喔？妳犯了什麼罪呢？」神父用流利的中文說：「把妳的罪行說出來吧！天主會赦免妳的。」

「我昨天……我昨天『爬牆』了。」女子羞愧地說。

「嗯……爬牆的確是不太好的行爲，但我想，妳可能是因爲趕時間，要抄近路才會這麼做吧？以後不要這樣了。」神父有聽沒有懂，只是盡力地安慰那名女子。

過了一會兒，又有另一名女子因爲「爬牆」而來告解。神父雖然覺得奇怪，但仍盡責地勸她不要隨便去爬鄰居的牆。

一個星期過去了，因爲「爬牆」而來告解的女人多不勝數，神父終於按捺不住內心的問號，不明白爲什麼這個村子裡的女人個個都喜歡爬牆，而且明知故犯，一爬再爬。最後神父決定，要親自去找村長問個清楚。

沒想到，村長聽了神父的問題之後，整整大笑了三分鐘，才勉強捧著肚子，上氣不接下氣地說：「我們所說的『爬牆』，就是有夫之婦不守婦道，背著老公紅杏出牆的意思……」

村長說著說著，又忍不住大笑了起來。

「如果我是你的話，我絕對笑不出來……」神父不顧村長的嘲笑，心平

靜氣地說：「因爲單單上個星期，您太太就已經爬了八戶人家的牆……」

男人若是在外面偷吃，他們會推說這是全天下男人都會犯的錯，換做女人，卻不能有任何推託之詞。

雖然說，女人是比男人更能壓抑生理需要的動物，但難道正因如此，女人就比男人更有忠貞的義務嗎？

男人會偷吃，女人也會爬牆。不同的是，男人將偷吃視爲理所當然的事，不這麼做的人是怪胎；女人卻會因爬牆而有罪惡感，受盡內心的煎熬。

男人偷吃，爲的通常是性高潮，而大部分的女人爬牆，爲的不是別的，她們只是在模仿男人，想知道男人偷吃究竟是什麼樣的滋味。

# 重要的不是陪睡，而是陪伴

WISDOM

與其害怕自己的另一半跟別人睡，你更應該擔心的是：她睡在你身邊，心裡想的卻是另外一個人。

每個人的內心都有一些見不得光的慾望和心思，活在這個明槍易躲，「暗賤」難防的社會，千萬要提醒自己，不要以爲外表看起來人模人樣、滿口仁義道德的人，就不會對你耍賤耍詐！

個性瀟灑不羈的阿明經常一個人遊走世界各地，尤其是一些名不見經傳的小國，最能引發旅人的好奇心，令阿明一直嚮往不已。

一次，阿明又隻身前往一個四面環海的小島國自助旅行。

當地居民一見到這個黑頭髮黃皮膚的東方人，簡直像看到外星人一樣，紛紛邀請他來自己家做客，結果，還是最具權勢的村長拔得頭籌，代表全村子的人招待他到家裡用膳，並留宿一晚。

由於這個國家的面積不大，房子也都蓋得很小，村長家中只有一張大床，該怎麼招待客人過夜呢？

情非得已，村長只好安排阿明和他們夫婦倆一塊兒擠一張床，由最瘦小的村長夫人睡在中間，村長和阿明則各據一方。

第二天早上，村子裡的人熱情地送走了阿明。村長回到家裡，發現自己的老婆神色有異，一副魂不守舍的樣子，便問：「親愛的，老實告訴我，昨天晚上是不是發生了什麼事？」

一句話道破了村長夫人的心事，她既羞愧又委屈地向丈夫哭訴道：「昨天晚上，那個黃種人爬到我身上，把我……」

「什麼！」村長氣壞了，「那妳爲什麼不拒絕他？」

「人家……人家不會說中文嘛！」村長夫人理直氣壯地說。

## 賤人就是矯情

這不是笑話，這是有可能在現實生活裡存在的事件。

據說，愛斯基摩人招待客人的方式，就是讓主人家的太太陪客人過夜一宿。他們認爲，有朋至遠方來，應該要拿出最好的東西招待，而有什麼是比自己太太還要好的東西呢？

夫妻情牽一生，不只是陪睡，更重要的是陪伴。

與其害怕自己的另一半跟別人睡，你更應該擔心的是：她睡在你身邊，心裡想的卻是另外一個人。

# 自以為是，到頭來什麼都不是

WISDOM

自以為是的人到頭來往往什麼也不是。你聰明，別人也不是傻瓜！下次想和別人約法三章，先搞清楚對方肚子裡懷的鬼胎。

話說老王和老李兩個人到法國旅行，久聞法國的妓女身材一流，服務又好，所以才一下飛機，他們兩人就興沖沖地跑到紅燈區開開眼界。

在途中，老王憂心忡忡地說：「法國女郎雖然一級棒，可是我擔心她們不肯按照我喜歡的方式辦事呢！」

「不會的！」老李信心十足地打包票：「我有很多朋友都來過，他們說，這裡的小姐作風既大膽又開放，連皮鞭、蠟燭都來者不拒了，還有什麼難得倒她們？」

「那這樣好了，」老王靈機一動，提議道：「我們來打個賭，如果有人肯照我喜歡的方式和我辦事，今天所有的活動都算我請客，要不然，下一次你就得請我更大的一攤才行！」

「好，一言為定！」

說著說著，老王和老李兩人找了一家外表裝潢得挺不錯的紅燈戶，老王首先上陣，挑了一名高挑的金髮美女，然後走進房間，老李則在外面等老王的好消息。沒想到，還不到三分鐘，老王竟然光著上身跑了出來，那名金髮美女也衣衫不整地跟在他後面，嘴巴裡咕噥著一連串法文，從她的表情看來，想也知道不是什麼好話。

「你看，我就說吧！她們根本不肯按照我喜歡的方式辦事……」老王一副「我早就知道」的樣子。

「好！那我認輸！不過，你要告訴我，到底你喜歡的是什麼樣的方式？」

老李好奇地問。

只見老王清了清喉嚨，回答道：「我喜歡的方式是……免費！」

所謂「入境隨俗」，到了別人的地盤，還想要照著自己的方式辦事，這種人通常不是白目，就是太過自以爲是。

至於老李犯的最大錯誤，就是聽了一些人的見聞就以爲自己見過世面。他又不是妓女，怎麼能代替妓女打包票呢？所以到了最後，他反而因爲太有信心而吃了一個大悶虧。

由這個故事可以知道，自以爲是的人到頭來往往什麼也不是。

你聰明，別人也不是傻瓜！下次想和別人約法三章之前，請先搞清楚對方肚子裡懷的鬼胎。

# 鎖住身體不如鎖住對方的心

WISDOM

人性本貪，我們總是比自己以為的還要貪心，得到很好的，還想要尋找有沒有更好的。

對於準備欺騙你的賤人來說，弄虛作假幾乎已經成爲他們的家常便飯。想要拆穿他們的眞面目，唯有用點賤招，才能讓他們的虛僞行爲突顯出來。

有個國王準備出遠門打獵，但又擔心皇后獨自留守深宮，會和身邊的大臣日久生情，便請工匠設計了一條貞操帶，鎖在皇后身上。

這條貞操帶在兩腿之間的部分設有鋒利的鋸齒，任何人或任何「東西」

只要膽敢「擅入」，就一定會被鋸齒所傷。

一個月以後，國王打獵回來了，他回到皇宮的第一件事，就是馬上召集所有大臣，命令他們把褲子脫下來，一個一個檢查。

結果，竟然每位大臣的「那裡」都包紮著繃帶，國王看得臉色發青，氣得咬牙切齒，說不出話來。

檢查到最後一個大臣時，國王很驚喜地發現，這位大臣的「那裡」竟然毫髮無傷，完好如昔。

國王甚感安慰，便很高興地問他想要什麼樣的賞賜。

只是……這位大臣始終不發一語。

國王又是好奇又是納悶，心想難道這個人如此清高廉潔，一點都不把國王的獎賞放在眼裡？

國王再度把話重複一次，追問這位大臣想要什麼樣的賞賜。大臣心裡一急，開始張嘴咿咿呀呀地吐出一連串旁人聽不懂的話來。

此時，國王才赫然發現，雖然這位貌似忠貞的大臣的那裡沒有斷，可是他的舌頭卻斷了……

## 賤人就是矯情

情慾如火，當它決心要蔓延時，豈是一桶冷水澆得熄的？

與其用貞操帶鎖住女人的身體，不如用眞切的情意來鎖住對方的心。

戀愛中的人往往不明白：爲什麼他有了我，還要去招惹別人？

這是因爲人性本貪，我們總是比自己以爲的還要貪心，得到很好的，還想要尋找有沒有更好的。

人可以同時愛很多人，但是在每個人的生命裡，只能有一個國王，或是一個皇后。其餘的，只不過是逢場做戲的裙下臣而已。

# 男女相處需要一點技巧

WISDOM

男人用謊言來哄騙女人，為的往往是得到女人的身體；女人用手段來哄騙男人，為的往往是獲得男人的真心。

有人說，年輕女人愛上男人，是出於無知，至於年老的男人愛上女人，是因爲色心蠢蠢欲動。

一名年輕貌美的修女剛被分派到偏遠地帶的一間教堂。教堂裡的神父一見到她長得秀色可餐，便曖昧地對她說：「妳想不想看看『通往天堂的鑰匙』呢？」接著，他把修女帶到教堂後面的小房間去，然後用他褲子裡的寶貝開啓了天堂的大門。

涉世未深的年輕修女回到修道院後，立刻去找院長，把她所經歷的奇妙旅程一五一十地稟報院長。院長聽了以後，臉色鐵青，氣得不發一語。

沉默了半晌以後，院長才咬牙切齒地說：「那個天殺的！他騙我說那是天使的號角……害我一直誠心誠意地吹了它二十幾年！」

## 賤人就是矯情

男人用謊言來哄騙女人，爲的往往是得到女人的身體；女人用手段來哄騙男人，爲的往往是獲得男人的眞心。

究竟是前者比較無恥，還是後者比較虛僞，任誰也說不清。可以確定的是，男女相處，確實需要一些技巧。重要的不是你騙我，還是我騙你，而是如何讓對方即使知道自己受騙上當，也仍然可以幸福地微笑。

# 用信心彌補自己的缺失

WISDOM

一個人外在條件的好壞是上天注定的，但是，一個人活得快樂與否，卻是自己決定的。

有半數以上的女人認爲，只要再少個三公斤，她們的人生就會「圓滿得不得了」。有半數以上的男人認爲，只要再長個三公分，他們能夠把到的女人就能多三倍。

你認爲，是女人太貪心，還是男人太樂觀呢？

從前，有個國王養了一隻聽得懂人話的馬，把這隻馬當成是稀世珍寶一般呵護著。一天，這隻馬不知道吃錯了什麼藥，一改平時活潑溫馴的個性，成天窩在房子裡悶悶不樂，一副鬱鬱寡歡的模樣，即使是馬戲團裡的小丑都沒有辦法讓馬高興起來。

國王擔心極了，昭告全國，只要有哪個人可以讓馬高興起來，就賞賜他黃金一百兩。

幾天以後，一位樣貌平庸的年輕人跑來晉見國王，聲稱他有本事讓馬高興起來。國王點點頭，吩咐年輕人盡管一試。

奇蹟發生了！那名年輕人走進馬房，沒幾分鐘就走了出來。國王前去一看，他的寶貝馬兒竟然笑得倒在地上打滾……

失而復得的感覺眞好！國王看見馬兒重新展開了笑靨，立刻依照約定，賞賜這名年輕人一百兩黃金。

不過，國王的內心仍然充滿了疑問，便對年輕人說：「你能讓我的馬笑，可是，你也有辦法讓我的馬哭嗎？這樣吧，如果你能讓我的馬哭，我就再賞

賜你黃金兩百兩！」

年輕人一聽，眼睛都發亮了！他再度走進馬房，同樣沒幾分鐘就走了出來。國王馬上走進馬房一看，這是怎麼回事？馬竟然眞的在掉眼淚了！

國王簡直不敢相信自己的眼睛，這個年輕人究竟是什麼來頭，竟然可以將馬玩弄於股掌之間，說哭就哭，說笑就笑，難不成他眞的有異於常人的神奇超能力？國王好奇地問：「你究竟是怎麼辦到的？」

年輕人笑了笑，回答說：「我第一次進去，對您的馬說『我那根比你的大』，您的馬一聽，便開始狂笑。第二次進去時，我對著您的馬把褲子脫下來，然後，它就開始嚎啕大哭了……」

人對自己的身體總是有許多的不滿。的確，相較之下，我們永遠沒有辦

法擁有像雜誌上的名模一般出色的線條，我們也不可能擁有像非洲民族般的「天賦本錢」，我們的臉和明星比起來像是壓扁的月球，當我們站在籃球選手身邊，你會覺得自己的老是低人一等。

比較，容易讓我們的人生產生了缺口。譬如，和一百分的人站在一起，九十分的你顯的多麼地可笑，然而，別忘了，你已經擁有了九十分，好多人連六十分也搆不著。

自怨自艾只會使你生命中的缺口越烈越大，沒有人的人生是完美無瑕的，既然看見了缺口，我們就要用更多的信心來彌補。

一個人外在條件的好壞是上天注定的，但是，一個人活得快樂與否，卻是自己決定的。

# 心裡有鬼，就容易懷疑對方出軌

WISDOM

女人天真，所以好騙，被這個男人騙，也被那個男人騙；男人老是說謊，所以也經常懷疑別人說謊。

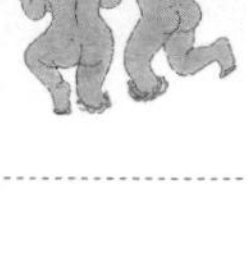

有人說，所謂「忠貞」，就是你一輩子都在偷腥，卻從來不曾被另一半發現；而那些一輩子都不曾出軌過的人，他們絕大部分都不是忠貞，而是不折不扣的傻瓜。

生性風流的老劉過世之後來到了天堂，他看到前面有很多人在排隊，仔細一看，原來是在發放天堂用的交通工具。

老劉也緊跟在那一群人後面排隊，不久，發現每個人領到的交通工具都不太相同，一問之下才知道，原來發放的標準，主要是看那個人在陽間的貞操表現而定。

其中有一個人，生前是個和尚，一輩子都不曾被女色玷汙過，所以領到一輛法拉利跑車，另外一個人做人還算老實，只有偶爾背著太太上上酒店而已，所以領到一輛看起來還不錯的機車。

這時，輪到老劉了，天使翻了翻老劉一生的記錄，發給他一輛腳踏車。

老劉默默地低著頭，覺得自己臉上無光，雖然他這輩子風流韻事不斷，可一件也不曾讓太太發現過，若是哪天被太太撞見了自己騎著腳踏車，豈不跳到黃河也洗不清了嗎？

正當老劉懷著忐忑不安的心情上路時，正好碰到早他幾年去世的太太迎面而來。老劉定睛一看，他太太的腳上正穿著一雙直排輪哩！

男人說：「我懷裡雖然抱著別人，但是心裡想的是妳。」

女人聽了，感動得什麼都不再計較。

女人說：「我雖然躺在別人的懷裡，但是心裡想的是你。」

男人聽了，必定會怒罵道：「妳當我是三歲小孩啊！連這種不要臉的話也說得出來！」

女人天真，所以好騙，被這個男人騙，也被那個男人騙；男人老是說謊，所以也經常懷疑別人說謊。他們不相信女人會對自己忠貞，其實是因爲太相信這世界上眞的有報應。

# 不要在別人身上貼標籤

WISDOM

每一個品種都有牠們存在的理由，沒有哪一個品種優於其他品種，只有人才喜歡將事物編上順序，排定優劣。

在動物的世界裡，所謂的「好品種」，越容易成爲飯桌上的盤中飧。反倒是壞的品種，才有可能是生存的保證。

有個老饕非常喜歡吃北京烤鴨，爲了嚐到最道地的北京烤鴨，特地帶了一票朋友跑到北京去，找了一家全城最有名的餐館，指名：「給我一份最道地的北京烤鴨！」

沒多久，服務生端了一盤色香味俱全的烤鴨上桌。

還來不及等大夥動筷子，老饕便考究地、仔細地摸了摸烤鴨的屁股，氣呼呼地把服務生叫來：「這不是北京烤鴨，是南京板鴨，給我換一份！」

服務生不敢得罪客人，立刻端回去換了一份，沒多久，香噴噴、熱呼呼的烤鴨又上桌了。

同樣的，老饕摸了摸鴨屁股，又怒不可遏地說：「這哪是北京烤鴨，這是天津鹽鴨哪！快給我換一份眞正的北京烤鴨來！」

服務生看見客人如此識貨，自然不敢怠慢。立刻端回去稟報廚師，換了一盤香酥油亮的烤鴨上桌。

老饕再度摸了摸鴨屁股，終於點了點頭，肯定地說：「現在可以吃了！這是如假包換的北京烤鴨！」

此時，廚房裡突然跑出一名廚師，圍裙一拉，劈頭就跪在這名老饕面前，哀求道：「先生，拜託您行行好！我從小就是孤兒，不知道自己是在哪出生的，可不可以請你摸摸我的屁股，告訴我我是哪裡人！」

動物可以經由特徵來分辨品種，人也可以透過膚色來分辨人種。

不過，動物和人類的差別在哪呢？

在人類社會裡，越優秀的人才活得越久；在動物之中，肉質越高等的動物卻死得越快！因此，沒有哪一種動物會介意自己的種類。

並且，在動物的世界裡，每一個品種都有存在的理由。沒有哪一個品種優於其他品種，只有人，才那麼喜歡將事物編上順序，排定優劣。

只有人類才會那麼無聊，除了膚色的區分之外，還有國籍的區分，除了國籍的區分之外，還有階級的區分。但我們把人分成那麼多種，爲的又是什麼？不過是讓同伴越來越少，讓異類越來越多而已！

PART 4

# 沒有準不準，只有肯不肯

追女生是打籃球，而不是買股票，只要願意出手，投個十次也總會矇中一次，沒有準不準的問題，只有肯不肯的問題。

# 強勢有時也是一種致命傷

WISDOM

面對性騷擾的時候，女人的弱勢，成了她們的保護傘；男人的強勢，卻反而成了他們的致命傷。

現代男人比女人更吃虧的地方在於：女人受到欺負可以大聲抗議，而男人若是採取同樣的做法，只會讓人認爲他自己都保護不了，這麼丟臉的事還敢大聲張揚？他還是男人嗎？

小英買了一根香蕉，準備帶回家給媽媽吃。

不久，公車來了，這班公車比想像中還要擁擠，小英把香蕉塞在褲子後面口袋，以便空出兩隻手來扶住欄杆。

爲了避免香蕉不小心被擠壞，一路上，小英不時伸手向後摸摸看，確定香蕉是否還安然無恙。

幾站以後，上車的乘客越來越多，車廂也越來越擁擠，爲了保護香蕉，小英索性用一隻手把整根香蕉握住，這樣一來，不管怎麼樣擠壓，香蕉也一定能保持毫髮無傷。

就在小英爲自己的聰明感到沾沾自喜時，站在她身後的一位男士，紅著臉小聲地對她說：「小姐，請妳放手，我要下車了！」

## 賤人就是矯情

過去，女性主義者強調：「性騷擾是男性在街頭或工作場所，對女性發動的恐怖行動，這些劣行讓女性應對進退之時變得被動靦腆，以免讓旁邊的人誤以為自己在挑逗男人。」

女人若是受到性騷擾，可以大聲喊「色狼」，即使當衆賞對方兩巴掌都不算過分，但是，換做男人被侵犯，卻不能做出這樣的反應。因爲，大夥兒都會一致認爲，這個男人非但沒有什麼損失，反而還佔了便宜，既然如此，又何必得了便宜還賣乖呢？

面對性騷擾的時候，女人的弱勢，成了她們的保護傘；男人的強勢，卻反而成了他們的致命傷。

過去，男人老是喜歡把女人的「不」當作「是」，所以今日他們自己也失去了說「不」的權利。

# 花招翻新，才能抓住對方的心

WISDOM

男女相處需要心意，也需要新意。唯有不斷翻新花招，才能牢牢抓住對方的真心。

男女約會可以做些什麼？除了按部就班地跑壘之外，每個壘包和壘包之間，其實還有無限的想像空間……

「喂！妳和阿明在一起都已經三個多月了，從實招來，你們究竟進展到什麼程度？」小娟露出一副狗仔隊的神情，鬼鬼祟祟地問。

「沒什麼啊！我和他只有親吻而已。」小薇回答。

「怎麼可能？不要裝純情了好不好？都什麼時代了，你們只有親吻而已嗎？難道他親著親著，沒有再進一步要求妳做些什麼嗎？」

小薇歪著頭想了一下，過了好一會才回答說：「可能有吧，但是我聽不太清楚耶……」

「聽不清楚？」小娟驚訝地大喊：「怎麼會聽不清楚？」

此時，小薇不好意思的低下頭，說：「因爲每次親吻時，我的耳朵都被他的大腿遮住了……」

### 賤人就是矯情

愛情，無疑是人類生命當中最綺麗的主題。

自從上帝在伊甸園裡創造出了亞當和夏娃，愛情就開始譜下一曲曲動人的樂章，在人間各地傳頌。

愛情的世界無限寬廣，親吻的方式也無盡無窮。

年輕人求新求變，男女相處需要心意，也需要新意。唯有不斷翻新的花招、跟得上流行的橋段，才能牢牢抓住對方的眞心。

許多男人在追求女人時，都以跑壘爲目的。人性本色，男人怎麼可能面對一塊秀色可餐的肥肉而動心忍性不動筷子呢？

跑壘是男女交往的重頭戲，只是別忘了，無論做什麼事，過程永遠比目的來得更重要。

# 愛情可以把難堪變得自然

WISDOM

要女人赤裸裸地站在一名衣裝畢挺的男人面前，比兩個人都坦誠相對來得更難堪，只有愛情，才可以讓男女之間一切難堪的事情變得自然。

女生從小就被教導要矜持，而男生從小就被教導要勇敢。長大以後，我們才知道，男人的勇敢未必能化解女人的矜持，而女人的矜持卻可以是一種以退爲進的手段。

小芳從護校畢業以後就一直都在醫院擔任護士，由於工作太忙碌了，從來沒有交過男朋友。

一天，小芳值勤到一半時，突然覺得下腹部疼痛莫名，痛到幾乎直不起身子來，同事們紛紛勸她趕快去向婦科求診。

到了婦科以後，年輕的男醫師職業性地對她說：「把褲子脫掉！」

小芳仍坐在位置上，久久沒有動靜。

醫生再重複一次剛才的話，只見小芳的臉紅成一片，仍然一動也不動。

醫生不耐煩了，嘆了一口氣，又催促道：「趕快把褲子脫掉！後面還有很多人在排隊！」

此時，小芳羞得簡直抬不起頭來。終於，她鼓起了勇氣，小聲地在醫生耳邊說：「要我脫褲子可以……你先脫，我再脫。」

## 賤人就是矯情

如果可以選擇，你是寧願在穿著衣服的異性面前裸露自己的身子，還是兩個人皆裸裎相見呢？

一位女性說：「當然是選擇後者囉！」追問她原因，她笑著回答：「因爲這樣比較公平嘛！」

是的，要女人赤裸裸地站在一名衣裝畢挺的男人面前，比兩個人都坦誠相對來得更難堪，因爲前者只是全然的性，但是後者卻很有可能還有一些愛情的成分在。

只有愛情，才可以讓男女之間一切難堪的事情變得自然。

# 情慾只不過證明你的能力

WISDOM

面對體內蠢蠢欲動的情慾時，你應該慶幸自己是個正常的血肉之軀，慶幸自己有想要的權利，也有愛人的能力。

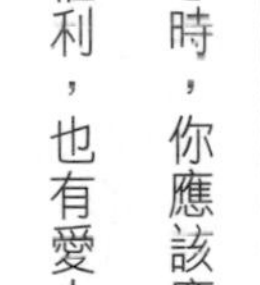

所謂「人不輕狂枉少年」，哪個少年不懷春？思春是人類的本能，與其壓抑自己的本性，不如找一個適當的出口，好好地宣洩自我。

青春期的小君情竇初開，滿腦子都塞滿了一些對異性的幻想，使她不堪其擾。於是，小君去向醫生求助說：「醫生，我常常會產生性幻想，這該怎麼辦才好？」

例行的檢查結束以後，醫生下了結論說：「妳的女性荷爾蒙分泌太多了，我先幫妳打一針，情況應該會改善很多。」

幾天以後，小君致電給醫生，緊張地告訴醫生說：「醫生，怎麼辦？我的聲音變得越來越低沈了。」

「別擔心，這是打針以後的正常反應。除了這個以外，妳還發現有什麼其他的變化嗎？」醫生問。

「我……我……」小君有些不好意思，「我還長出了胸毛！」

「喔！這可不得了！」醫生提高了音量，焦急地問小君：「那……妳的胸毛大概有多長呢？」

「我不知道耶，它從我的胸部一直垂到我的睪丸。」

青少年最容易碰到的一個問題，就是把自己的性慾當成是問題。

成年人都知道，這種事再健康正常不過了，然而，未經世事的青少年卻經常用有色眼光看待它，不僅對內要壓抑自我，對外也要注重形象。

思春不是病，但卻是不可告人的秘密。當面對體內蠢蠢欲動的情慾時，不要驚慌，也不要去否定它。

你應該慶幸自己是個正常的血肉之軀，應該慶幸自己有想要的權利，也擁有愛人的能力。

# 沒有準不準，只有肯不肯

WISDOM

追女生是打籃球，而不是買股票，只要願意出手，投個十次也總會矇中一次，沒有準不準的問題，只有肯不肯的問題。

一位男性朋友說，追女生其實就像打籃球一樣，只不過，男人要當籃球，而不是當籃框。

老是默默守候在一旁是沒有用的，男人必須把自己當成一顆籃球，不怕摔，不怕痛，這次沒命中，下次再努力。想追求異性，總要不斷出手，才會有成功的機會。

一位年輕漂亮的小姐到醫院去求診，醫生打量了女病患一下，要求她脫掉衣服讓他仔細地檢查。

這位小姐羞赧地告訴醫生說：「這樣不太好吧，我從來沒有在陌生人面前脫過衣服。」

「別擔心，」醫生安慰她說：「我把電燈關掉，妳就不必擔心被別人看到了……，慢慢脫，脫好衣服以後妳再叫我。」

大約一分鐘後，這位小姐在黑暗中輕聲地說：「我好了！請問脫下來的衣服要擺在哪裡？」

「就擺在這裡吧！」醫生說：「就擺在我的衣服上面。」

### 賤人就是矯情

厚顏無恥，是男人追女人的得分關鍵。

也許你會覺得奇怪，厚顏無恥的男人，應該人人得而誅之，女人怎麼會喜歡這一套？

沒辦法，女人是講求感覺的動物，但也是虛榮的動物。不管男人多麼厚顏無恥，當他的目標是自己時，女人就會自然而然地把他的厚顏無恥解讀成主動積極。她會相信，這個男人是因爲太喜歡她，所以才會願意如此放下身段，不擇手段。

厚顏無恥的男人，往往是情場裡的常勝軍。不只是因爲他們滿足了女人的虛榮心，同時也是因爲他們不怕失敗，不在乎丟臉。

追女生是打籃球，而不是買股票，只要願意出手，投個十次也總會矇中一次，沒有準不準的問題，只有肯不肯的問題。

# 長短是愛情的指標

WISDOM

男人的長短是一輩子揮之不去的惱人夢魘，當他們不再為尺寸的長短計較時，他們就要開始替自己生命的長短感到擔憂。

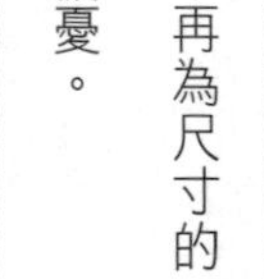

一名母親帶著她十八歲的兒子去看醫生，因爲她的兒子已經到了青春期，但生殖器卻還是像嬰兒時期一樣，只有小拇指大小。

醫生診斷以後，建議說：「要解決這種狀況並不難，妳只要每天早上給他吃一片烤焦的土司，持之以恆，大概一個月後就會有顯著的效果。」

媽媽聽了，心頭的一塊大石頭總算落了地，謝過醫生之後，便高高興興地帶著兒子回家了。隔天早上，餐桌上放著滿滿一大盤烤焦的土司。兒子看了，皺著眉頭對媽媽說：「拜託，我只有一個胃，這麼多我怎麼吃得下嘛！」

媽媽一面替烤焦麵包塗上果醬，一面笑瞇瞇地說：「孩子，別緊張！你只要吃一片就行了，其餘的是給你爸爸吃的。」

## 賤人就是矯情

女人對男人的愛慕和他的長短成正比，女人愛上一個男人，她會希望他身長、情長、做愛的時間長；當女人不愛一個男人，她會希望他氣短、命短、做愛的時間短，更會希望他的「那裡」最好短到根本感覺不到。

女人爲大小煩惱不已，男人也爲長短斤斤計較。

還好，女人的胸部大小只要保養得當就得以改善，男人的長短卻是一輩子揮之不去的惱人夢魘，當他們不再爲尺寸的長短計較時，他們就要開始替自己生命的長短感到擔憂。

# 身材並不等於內在

WISDOM

女人的內在美雖然重要，但是外在美更加重要。許多夫妻性格不合的原因，往往都是起源於看對方不順眼。

俗語說得好：「女人的內在比外在更重要。」

即使到了現代，這句話仍然有它的道理在，因爲，今日男人對女人外在美的定義是——臉蛋，而對女人內在美的定義則是——身材。

正在就讀高中的強強，有一天回家後，忽然對爸媽宣佈說他要娶班上的美美。爸爸內心雖然震驚，但仍表現出民主的樣子，故作開明地對兒子說：

「孩子啊，結婚不是在扮家家酒，你還年輕，很多事你都還不知道，談戀愛不能只看女孩子的外表，也應該要仔細地看一看她的內在美……」

強強聽了，有些不好意思地回答老爸說：「其實……她的內在美，我已經仔細地看過好幾次了……」

莎士比亞曾說：「愛情充滿著各種變態的怪癖，因此它才使我們表現出荒謬的舉止，像孩子一般無賴、淘氣而又自大。」

正因爲愛情充滿各種怪癖，所以才會有那麼多「賤男」評判女人的標準是「內在美」和「外在美」。

其實，身材並不等於內在，就算身材再怎麼曼妙動人，也不能證明內在同樣賞心悅目。

韓國電影〈我的野蠻女友〉風靡全台時，有雜誌做調查訪問男人們：「如果你的女朋友像劇中的女主角一樣野蠻，你會怎麼辦？」

許多男人都回答說：「只要我的女朋友和劇中的女主角一樣漂亮，她想怎麼野蠻都可以！」

對四十歲以下的男人來說，女人的內在美雖然重要，但是外在美更加重要。許多夫妻性格不合的原因，往往都是起源於看對方不順眼。

# 動作只是手段，不是習慣

WISDOM

女人欲拒還迎，有可能真的是為了拒絕。那誘人的「還迎」純粹只是為了替對方留點顏面，讓場面不至於太過難堪。

牽手不一定代表相守，親吻也不表示認定，很多時候，情人之間的親密動作只是手段，而不是習慣。

PUB裡，小林和小張把酒言歡。

小林：「前陣子不是聽說你交了一個新女朋友，現在進展如何？」

小張：「還不錯吧！我們昨天還一起去看電影呢！」

小林：「喔？是嗎？電影院裡面黑漆漆的，老實說，你們究竟趁機幹了些什麼好事？」

小張：「沒什麼，只是看電影的時候，她一直緊緊抓著我的手。」

小林：「眞的？那進展得不錯嘛！」

小張：「才不是你想的那樣呢！她就是爲了要阻止我的進展，所以才一直抓著我的手啊！」

## 賤人就是矯情

男女交往之時，充滿慾望是正常的，但是，不論要做什麼事，都應該在兩情相悅下進行。

然而，有些「賤男」卻不這麼想，老是心懷鬼胎，想用一些「賤招」達成目的，還把女人的反應解釋爲欲拒還迎。

女人欲拒還迎，有可能眞的是爲了拒絕。那誘人的「還迎」純粹只是爲了替對方留點顏面，讓場面不至於太過難堪。

偏偏男人連這點都看不出來，他們沾沾自喜於自己的魅力，滿腦子想的只是下一步和下下一步應該怎麼做。給臉不要臉，難怪到了最後，男人經常只有挨巴掌的份兒！

要知道，女人握你的手不一定是想要跟你進一步，如果她想更進一步，她絕對不會只是握住你的手。

# 不管怎麼做，女人總是有話說

WISDOM

做男人其實很可憐，因為無論他們怎麼做，女人總會有話說。不如角色對調，換成女人去勾引男人好了！

太主動的男人，是野獸；太不主動的男人，是木頭。你說，眞是沒天理！

爲什麼老實的木頭從來都會輸給那些邪惡的野獸呢？

道理很簡單，如果你是女人，你會情願去和小貓小狗玩，還是去對著無聊的樹木發呆？

「喂！聽說你和春嬌分手了啊？」小龍關心地問志明。

志明垂頭喪氣地說：「是啊！」

「你們不是交往很久了嗎？怎麼會突然說分就分呢？」小龍問。

「我也不知道啊！」志明無奈地說：「前幾天，她爸媽不在，所以我就到她家去陪她，我們躺在沙發上一起看影片，看著看著，突然跳電了，四周一片漆黑，所以我就……」

「喔！原來如此！」小龍露出恍然大悟的表情，對志明說道：「難怪春嬌會不理你，她是個規矩又乖巧的好女孩，你這個衣冠禽獸！竟然把人家的隨和當隨便！」

「我哪有！」志明急忙替自己辯護。

接著，志明說明原委：「我只是站起來，在牆壁上找到電源的位置，然後重新把開關打開而已啊，沒想到她恩將仇報，竟然很生氣地打了我一巴掌，還把我趕出她家……」

男人太主動，女人會說：「你是不是只愛我的身體？」

但是，如果男人不主動，女人又會抱怨說：「如果你眞的愛我，怎麼可能不受我的吸引？」

做男人其實很可憐，因爲無論他們怎麼做，女人總會有話說。不如角色對調，換成女人去勾引男人好了！因爲，不管女人怎麼做，那些堅強的男人都一定會默默地承受，或享受。

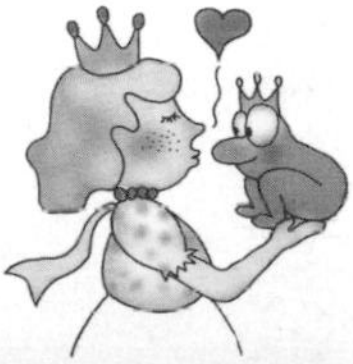

PART 5

# 懂得珍惜，就會變得神奇

身邊有個心愛的人，可以充滿數不盡的歡笑。愛情讓我們平凡的生活變得神奇，關鍵在於：我們是否懂得去珍惜。

# 怨懟，其實是一種恩惠

WISDOM

愛情裡，有樂也有苦，有恩也有怨，只要肯換個角度去想，所有的怨懟其實也是一種恩惠。

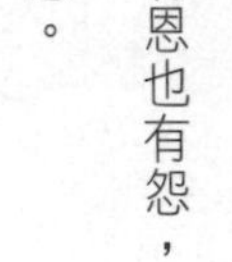

愛裡有快樂，但是也有比快樂更多的妥協。

喜歡一個人的時候，即使他建築在你身上的痛苦，也會是一種快樂；不管多麼無奈的妥協，此時也變成了一種奉獻。

愛情的美好，正是可以讓人忘卻自己的痛苦，感染對方的快樂。

男人皺著眉頭說：「真奇怪！最近怎麼變得這麼鬆呢？一點意思也沒有，

我不想玩了啦！」

「可是……可是人家想玩嘛！不管啦！再玩一下嘛！」只見女人不斷在一旁小聲抗議。

「好吧，」男人禁不起女人一再堅持，只好勉爲其難地說：「妳自己說一下的喔，那我們就再玩一下下吧！」

此時，女人忍不住高呼道：「啊！你太粗魯了啦！搖小力一點啦，你想把人家搖壞呀？」

「好啦好啦！眞受不了妳，我聽妳的話，輕一點就是了。」

「喔！對了！對了！就是那裡……」女人興奮地大叫：「進去一點，再進去一點！往左邊一點，左邊，再左邊一點……啊！出來了！你眞行！你眞的好厲害喔！」

男人圓滿達成了任務，一面把戰利品交到女人手上，一面抱怨著說：「夾那麼多娃娃要幹嘛？眞是的！」

賤人就是矯情

不管多麼不情願，只要看到對方一個心滿意足的微笑，你都會覺得一切付出都有了代價。

這就是愛情，讓人的眼睛裡不再只裝得下自己。

漫漫人生中，有個可以讓你心甘情願爲他付出、忍讓、犧牲的對象，即使因此換來了一點痛苦，也是美好的。

愛情裡，有樂也有苦，有恩也有怨，只要肯換個角度去想，所有的怨懟其實也是一種恩惠。

# 脫衣服，要脫得恰到好處

WISDOM

脫衣服是時機，也是智慧。最保險的一種方法，就是在脫自己衣服之前，先脫別人的衣服。

愛情最美好的地方，正是在於患得患失的時候。

什麼感覺都還不明朗，做什麼事都小心翼翼，隔著那層曖昧的薄紗，人對愛情的嚮往，使它看起來益發的美好。

一個風和日麗的週末下午，好不容易家裡的人都出去了，只留下男孩和女孩兩個人在家。

男孩靦腆地說：「妳先脫，妳脫完我再脫。」

「不要啦！」女孩哪裡好意思點頭，因而對男孩說道：「我脫得比較慢，還是你先脫比較好！」

「嗯……那這樣好了，我們兩個一起脫，這樣比較節省時間。」男孩想出了一個兩全其美之計。

「那好吧，眞是不好意思……」女孩紅著臉，照著男孩的提議去做，過了一會，對男孩說道：「我好了，你趕快塞進來吧……小心一點，千萬不要把衣服弄髒了。」

男孩小心翼翼地「塞進去」之後，由衷地發出一聲嘆息：「唉，眞佩服那些科學家偉大的發明！有了這台脫水機，我們的生活眞是方便多了！」

薄薄的一層衣裳，總是給予人們無限的想像。

不管是脫水還是脫衣服，愛情在要脫不脫之際最美。脫得太快，一下子原形畢露，失去了想像空間；脫得太慢，一直原地打轉，在在考驗現代人禁不起考驗的耐性。

有時候，就算脫得恰到好處，劇情總算應觀眾要求走到高潮，但之後可能只剩下歹戲拖棚。

脫衣服是時機，也是智慧。最保險的一種方法，就是在脫自己衣服之前，先脫別人的衣服。

# 勇敢去嘗試新鮮事物

WISDOM

凡事總有第一次，也許新鮮，也許期待，也許會受傷害，但勇敢跨出這一步，你會看見自己的成長。

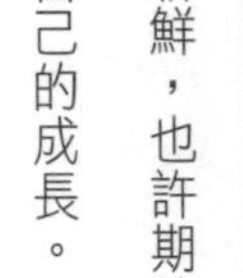

所謂「不經一事，不長一智」，在人生過程中，寧可冒著受傷的危險，也不要選擇無知的安全。

因爲，人只有這麼一輩子，有時即使必須忍受痛苦冒險的活著，也好過一片空白的人生。

草叢後傳來男人權威的聲音說：「趴下！兩腳張開一點，妳要好好照著

我的話去做！」

女孩雖然一點反抗的意思都沒有，但從她的語氣裡，仍聽得出來微微的恐懼：「這……安不安全啊？我有點怕痛。」

此時，男人放輕了語氣，溫柔地安慰道：「不用怕，慢慢來！只要姿勢對了，自然就不會痛。」

「但是，我還是有點緊張耶，我以前從來沒有做過……」

「沒關係，我會慢慢教妳，」男人說：「來，握這裡會比較舒服……對！就是這裡！妳滿有天分的嘛！」

「嗯……這裡好粗好長喔！你看，我的手都快握不住了。」女孩喘息著，嬌嗔地對男人說。

「現在，把這個打開！」男人命令道。

「這是什麼啊？」

「你們學校沒有教過嗎？這個是保險……它是爲了安全起見。」

「喔。」女孩認眞地聽著。

「動作快一點！再不射就來不及了……」男人著急地催促說，女孩也只好乖乖地配合。

「啊！怎麼這麼痛！」不久之後，女孩高聲驚呼：「頂得這麼大力，害人家都流血了！」

誰知，男人的口氣裡一點也沒有憐香惜玉的意思，反而面無表情，輕描淡寫地對女孩說：「這很正常啊！又不是只有妳才會如此，很多人第一次都是這樣的……」

女孩痛得流下了眼淚，哭著向男人抱怨道：「教官！我以後再也不要來打靶了！」

人生的經歷，是我們最後能帶走的禮物。

凡事總有第一次，也許新鮮，也許期待，也許會受傷害，但勇敢跨出這一步，你會看見自己的成長。

冒險是年輕人的專利，雖然不一定會得到美好的收場，但是因爲年輕，你有接受失敗重新來過的籌碼。

因此，勇敢去嘗試新的事物吧！不管是打靶、飛行、野外探險，甚至高空彈跳，即使一路上有血有汗，事後回想起來，也都是人生過程中有笑有淚的珍貴回憶。

# 恐懼是痛苦的催化劑

WISDOM

越是怕痛，越會感覺到痛。恐懼是痛苦的催化劑，你應該做的不是如何去避免痛苦，而是如何去克服痛苦伴隨而來的恐懼。

人對痛苦的承受能力其實比想像中還要大，我們可以見到，當痛苦降臨時，大多數人都可以咬著牙忍受。

眞正最折磨人的，反而是痛苦降臨前，那種對痛苦的揣測和恐懼。

男人：「把褲子脫下來！」

女孩羞紅了臉，不願照著男人的話去做。

男人：「妳放心，這裡只有我們兩人，別人不會看見的。」

女孩：「可是……」女孩欲言又止，忐忑的心情完全表露在臉上。

「如果覺得不好意思的話，脫一半就可以了。」

男人提出體貼的建議，此時女孩也不好意思再拒絕了。

「不要緊張，不會痛的……我要插進去了！」男人輕柔地安慰道。

「好吧，我準備好了……嗯……」

男人：「對，就是這樣，不要亂動！」

女孩緊咬著嘴唇，閉上了眼睛，但還是忍不住發出一點微微的歎息：「啊……喔……唔……」好像過了好久的時間，也好像才一眨眼的工夫，動作完成之後，女孩紅著雙眼，穿上褲子，轉身向男人抗議道：「你騙人！明明痛得要死，你還騙我說不痛！」

男人一面收拾善後，一面冷笑著說：「我如果不騙妳，妳怎麼會乖乖地躺在這裡呢！」

這一說，女孩更生氣了，她揚起頭，毫不客氣地瞪著男人說：「我告訴你！我以後再也不會來你們這家醫院看病了！」

專業的醫生都知道，拔針或是拆線之時，一定要在病人還沒有心理準備的情況下，以迅雷不及掩耳的速度一股作氣完成，讓病人才剛感覺到痛，就已經結束。

因爲，惱人的其實不是痛苦本身，而是人們對痛苦的抗拒以及恐懼。

想想看，你是寧願現在就被刀子砍傷，還是被告知下一秒鐘你將會被刀子砍傷？雖然是一樣的痛苦，但經過思考的痛苦，似乎比沒有防備的痛苦要來得更痛苦。由此可知，越是怕痛越會感覺到痛。恐懼是痛苦的催化劑，你應該做的不是如何去避免痛苦，而是如何去克服痛苦伴隨而來的恐懼。

# 心中有愛，才會有所期待

WISDOM

你的牛排可能是我的毒藥。因為愛，所以有期待；因為愛，所以有要求；但也因為愛，所以有包容、有妥協。

童話故事裡，公主和王子在結婚之後，從此就會過著幸福快樂的日子。

然而，現實往往不是如此，王子和公主結婚之後，有可能才是不幸的開始，因爲公主有可能玉女變慾女，而王子也有可能是……性無能。

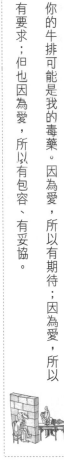

男人呼叫著說：「老婆，饒了我吧！我想要出來了！」

「不行！你得再撐一下！你每次進去，都這麼草草了事，這樣人家怎麼會覺得舒服嘛！」

「拜託，現在是冬天耶！我光著身體冷得要死，眞搞不懂，妳怎麼會覺得這樣很舒服！」

「喂！你堂堂一個大男人，每次都不到三分鐘就出來，連忍一下都不行，不怕被人家笑啊！」

「笑就笑啊！我在認識妳以前，從來沒做過這種事耶！妳總要給我一點時間慢慢適應嘛！」

「眞是搞不懂你！都已經三十幾歲的人了，竟然還不敢洗冷水澡！你再抱怨，小心我在水裡給你加冰塊喔！」

賤人就是矯情

相愛的兩個人來自兩個不同的家庭，有著不同的過去，不同的歷史，不同的習慣。兩個運轉速度、方向、節奏都不甚相同的齒輪如何磨合，實在是一門很大的學問。

西諺有云：「你的牛排可能是我的毒藥。」意思是勸人們不要只顧自己，要懂得尊重別人的喜好。

但當羅密歐的牛排變成了茱麗葉的毒藥，那可就沒有這麼容易解決了！相愛的兩個人是情侶，是生活夥伴，也是心靈伴侶，自然應該走在同一條軌道，培養共同的興趣，有著同樣的價值觀。全世界的人都可以不懂得欣賞我，但是親愛的，你怎麼可以把我的牛排當作毒藥？

因爲愛，所以有期待；因爲愛，所以有要求；但也因爲愛，所以有包容、有妥協。你的牛排也許是我的毒藥，但是爲了你，我願意含笑飲砒霜，同時也相信你會爲了我做同樣的事。

這不正是我們之所以嚮往愛情的理由嗎？

# 選擇放棄，就不會知道結局

WISDOM

當你對自己感到懷疑時，其實你正來到一個關卡；結局可能有好有壞，但是現在放棄，你永遠也不會知道結局。

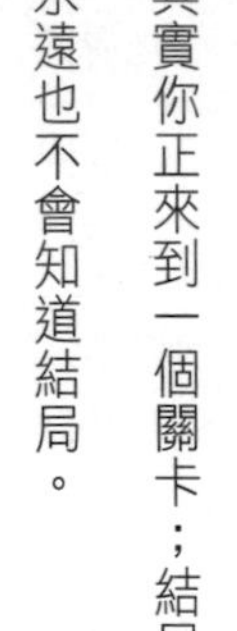

人類的潛能無限，但人們所擁有的時間卻有限。

你可以把時間用在對自己說「不行」，也可以把握時間逼自己達到極限，然後衝破極限。

男人在女人耳邊溫柔地哄著：「忍耐一下，再五分鐘就好！」

女人臉上表現出痛苦的神色，「我不行了！求求你饒了我吧！」

「不行！還不到時候！妳把妳的腰再往前挺一點！」

「喔！你好殘忍喔！」女人聽了，不禁抗議道：「你把我當成什麼？我根本做不到嘛！」

「妳一定行的！」男人的口氣充滿了信心，「來，照著我講的姿勢去做……用力！把腿抬高！」

「喔……唔……」女人照著男人的話做，結果不住地呻吟。

「來！把大腿再張開一點，然後頭抬起來看我，身體跟著我的節奏規律地擺動……」

「啊……啊……啊……」女人按照男人的指示，卻忍不住大聲叫了起來，「好痛！痛死我了！」

男人對女人的表現非常滿意，輕柔地鼓勵她說：「剛開始一定會痛的，以後妳習慣了，一定可以做得比別人都好。」

「真的嗎？」女人一面用毛巾擦著頸部的汗水，一面笑著對男人說：「那教練，我們休息一下再來一次好了！我聽說，學瑜珈要一直持續不斷地做才會有效喔！」

除非你是超級自大狂，否則人很難不去懷疑自己。

遇到挫折時，我們會問自己：我可以嗎？遭遇瓶頸時，我們也不禁問自己：我眞的是這塊料嗎？我們不是神，難免都會對自己失去信心，對未來充滿恐懼。但正因爲如此，所以有人因此半途而廢，也有人因此找到了追求進步的動力，突破極限的勇氣。

當你對自己感到懷疑時，其實你正來到一個關卡；結局可能有好有壞，但是現在放棄，你永遠也不會知道結局。

# 小心「知己」如何報答你

WISDOM

我們多麼希望交到重情重義的知己，然而，事實往往是，他為了報答你，會代替你去「照顧」你的「未亡人」。

自從有了保險之後，女人不再害怕家裡的經濟支柱突然倒下。

自從有了保險套之後，男人不再害怕半途殺出來一個小孩叫爸爸。

保險與保險套是男人和女人的一大福音，但也因此，男人和女人更可以沒有後顧之憂地去犯罪。

這天晚上，小華到情趣商店去買保險套。他看了看幾種款式後，問老闆：

「請問你們有沒有賣黑色的保險套？」

老闆愣了一下，回答道：「對不起，我們店裡有紅色、橘色、藍色、螢光綠的……幾乎什麼顏色什麼款式都應有盡有，可是就是沒有黑色的。你一定非要買黑色的保險套不可嗎？」

「沒辦法，」小華聳了聳肩，無奈地說：「因爲我的朋友前幾天過世了，我現在要去他家安慰他老婆，應該用黑色的保險套比較恰當，如果用你剛剛說的那些顏色，豈不是對死者不敬嗎？」

賤人就是矯情

什麼人的錢最好賺？

答案是：朋友的。因爲，當朋友推銷東西的時候，你會不好意思拒絕，同時也相信他不會給你亂抬高價錢。

什麼人的女人最好把？

答案是：朋友的。因爲，近水樓台先得月，彼此有密切的往來，自然「知己知彼，百戰百勝」。

我們多麼希望可以交到一個肝膽相照、重情重義的知己，然而，事實往往是，你爲他兩肋插刀，而他爲了報答你，會像笑話中的小華，代替你去「照顧」你的「未亡人」。

在這種時候，他還會想到買個黑色的保險套，表達對你的哀悼之意，就已經難能可貴了。

# 身體可以記住情人身上的數字

WISDOM

現代人沒有多餘的腦容量去承載情人身上的數字。可以慶幸的是，雖然我們腦袋記不住，但是我們的身體卻可以記住。

女人經常埋怨男人只知道她們的胸圍尺寸，卻不清楚她的身高體重。同樣的，男人也有話要說，他們實在不能平衡，爲什麼女人一勁兒地去計較他重了半磅，卻毫不介意他褲子裡的東西長了好幾寸？

一個打扮時尚、濃妝艷抹的辣妹走進西藥房，一開口就說要買「套套」。老闆問：「妳要買哪一種尺寸？大？中？小？」

女人想了一會兒，向老闆確認說：「你指的是那個地方的尺寸嗎？」

「對啊！保險套和那個地方的尺寸一定要剛好，不然沒套好的話很不安全喔！妳仔細回想一下，大概比一下我就知道多大了。」

女人照著老闆的話去做，歪著頭想了很久……

然後，她慢慢地張大了口說：「啊……大概就這麼大吧！」

## 賤人就是矯情

不只女人買保險套不方便，男人買胸罩也同樣會鬧出許多笑話。

一位內衣專櫃小姐就說，經常有男人來替老婆買胸罩，卻連什麼尺寸都說不清楚，最後只伸出自己的兩隻手掌，彎著手指比了比，問小姐：「這樣要穿幾號？」

現代人日理萬機，已經沒有多餘的腦容量去承載情人身上的數字。可以慶幸的是，雖然我們腦袋記不住，但是我們的身體卻可以記住。

不管相隔多遠，我們的身體都不會忘記摸著他、抱著他、打從心裡愛他的那一份感覺。

兩個人之間的愛，是一種共鳴的喜悅。

兩性的親密接觸，既是窺知對方身體奧秘的起點，同時也是赤裸裸地暴露自己弱點的開始。

男女之間發生性關係，也許是人類本能的慾望，不過，唯有超越肉體的愛情，才能比與肉體結合爲前提的戀愛更偉大，也更持久。

# 體貼才能贏得更多尊重

WISDOM

男女相處，不只要尊重自己的感覺，同時也要懂得去體貼對方。因為，體貼的人往往才能贏得更多的尊重。

有一天，小王到鄉下的朋友家拜訪，好客的朋友熱情地要他留在這裡多住幾天再走，但是由於屋子裡的空間實在有限，朋友只好把小王安排到女兒的房間打地鋪。

朋友的女兒正值花樣年華，出落得青春美麗。小王睡在床下，和她相隔著不到一公尺的距離，整夜翻來覆去，就是難以成眠，滿腦子想的都是旁邊這個女孩亭亭玉立的姣好身材。

朦朦朧朧中，小王的情慾終於蔓延開來，手開始不聽使喚，一步步朝女孩的方向伸去……

「快住手！否則我要叫我爸爸了！」面對突來的侵襲，女孩出聲警告，小王急忙把手收回。

安分了一會兒，小王再度忍不住把手伸了過去……

「快住手！不然我要叫我爸爸了。」女孩又警告了一次，不過，這次的語氣顯然比上次要溫柔許多。

即使明知道這麼做是不對的，但是錯過這一次千載難逢的機會，下一次不知道要等到什麼時候。

小王心裡猶豫躊躇了半晌，理智終於對抗不了情慾，終於打定主意，大膽地把手伸到床上去。

沒想到天父保佑，女孩這次竟然沒有抗議，於是，兩人就肆無忌憚地共渡了一個激情的夜晚。

事後，小張心滿意足地睡去。不知過了多久，睡夢中，他感覺到一隻纖細的玉手正溫柔地撫摸著他。睜開眼睛一看，原來是女孩正在他身上磨蹭著，要求他再來一次。

小王忍住強烈的睡意，勉強爬起來交差了事，事後立刻倒頭就睡。

過了一會兒，小王再次被搖醒。他強迫自己爬起來，使盡吃奶的力氣把事辦完，才又精疲力竭地睡去。

不知道又過了多久，女孩竟然又一次把小王搖醒，而且整個人不停地往小王懷裡鑽去。這時，小王在睡魔的驅使下，睜開疲憊的雙眼說：「快住手！否則我要叫妳爸爸了！」

## 賤人就是矯情

電影《大丈夫》中有句名言：「她說：『愛她就應該尊重她。』我尊重

她有不要的權利，但是她也應該尊重我也有想要的權利啊！」

男女之間的好事通常就是如此，一方想要、一方不要的機率，永遠比兩情相悅的時候更多。

想要的時候，就應該勇敢說出來；同樣的，不想要的時候，也可以大膽直接地表達。因爲，人不可能長久背叛自己的感覺，勉力而爲只會折損情慾裡的快樂成分。

男女相處，不只要尊重自己的感覺，同時也要懂得去體貼對方。因爲，體貼的人往往才能贏得更多的尊重。

# PART 6

# 只有配不配，沒有對不對

女人用矜持挑逗男人，同時也用矜持試探男人。

女人想要的，是一個不管穿著衣服還是脫了衣服，都一樣是君子的男人。

# 好運有時是厄運的陷阱

WISDOM

好運當然會降臨，但通常會一閃即逝，不可能天天重演。遇到出乎意料的好運時，請小心這只是用來掩飾厄運的陷阱。

現實往往沒有想像中那麼美好，賤人向你的展示的面貌，也經常和他的本質完全不符，但是，一般人卻容易被表面現象騙得團團轉。

不要太過相信自己的好運，因爲，當你深信不疑時，命運往往就會選在這個時候開你一個大玩笑。

一個男人到一家應召站指名要莉莉小姐服務。

莉莉覺得很奇怪，這名客人是個生面孔，以前從來沒有見過，怎麼會特別指名她來服務呢？

她心想，大概是因爲她在這行有點資歷，所以做出了口碑吧！

服務完以後，這位客人很大方地拿了一萬塊交到莉莉的手上。莉莉當場喜上眉梢，笑得合不攏嘴。若是平常，她可能連一半都賺不到！

莉莉高興地謝過恩客，說：「遇到像您這麼大方的客人眞好！下次一定要記得再來找我喔！」

男人整理好儀容，神情愉快地說：「明天我會再來，妳好好服務我，我會再給妳一萬塊。」

第二天，莉莉滿心期待地迎接一天的工作。看在那一萬塊的面子上，莉莉使出渾身解數，表現得特別賣力。

完事之後，男人果眞依照約定又給了她一萬塊錢，還對她說：「不錯，不錯，妳服務得很好，明天妳繼續服務我，我會再給妳一萬塊。」

莉莉開心極了，感謝上天，賜給自己這樣的好運，遇到了一個多金又大方的凱子，如果再這樣下去，說不定她還有機會飛上枝頭當鳳凰，嫁入豪門當個某某夫人呢！

第三天，這位客人又出現了，莉莉當然迫不及待地過去服務他。這次，她更是使盡了全力，連皮鞭和手銬都用上了。

事後，男人對她非常滿意，再度付了一萬塊錢給她。

莉莉也不是省油的燈，下定決心要打探這個男人的身世背景，看看能不能和他攀上一點關係，於是她問說：「您眞是我遇過最好的客人，請問您是哪裡人啊？」

「喔，我從高雄上來的。」男人回答道。

「眞是太巧了！我也是高雄人，現在我母親還住在那裡呢！」

莉莉高興得眉飛色舞，上天眞是眷顧她啊！不但讓她遇到了一個凱子，而且還是同鄉呢！

事情簡直順利得令人難以置信……

孰料，男人接著說：「我知道妳是高雄人，而且，我也認識妳母親，她知道我要上來台北，所以特別託我帶三萬塊來給妳……」

## 賤人就是矯情

天下沒有白吃的午餐，意外的好運當然會降臨，但通常只是會一閃即逝，不可能天天重演。

當你遇到出乎意料的好運時，請小心這只是用來掩飾厄運的陷阱。

就像不新鮮的肉會被拿去紅燒，不純的果汁加的糖水特別多一樣，你嚐到的好味道有可能只是用來掩飾裡頭腐敗的氣味，沒有吃到最後一口，永遠都應該保持警戒。

在眞正的好運來臨之前，別讓任何命運的玩笑阻撓你的道路。

# 好好把握眼前的緣分

WISDOM

與其等待一個條件好卻與你無緣的人，不如好好把握眼前的緣分，牽著另外一雙手，一同努力去開創兩人幸福的未來。

愛情是要講條件的，俊俏、多金、有學問……幾乎是每個女孩心目中白馬王子的條件，因此，我們也看到了許多充滿夢幻，終其一生等待著白馬王子的灰姑娘。

小張愛上了一個女孩，考慮了半天，總算鼓起勇氣向她求婚。

女孩不點頭也不搖頭，只是向他開出了三個條件：「我要嫁的人首先必須有五百萬以上的存款；第二，要有一棟自己的房子；第三，他的『那裡』必須長三十公分。」

小張聽了，臉上浮現出落寞的神色，難過地跑回家去了。

隔天，小張再度約了女孩出來，告訴她說：「妳看，這是我的存摺，一共有七百多萬。」

女孩看著那一連串數字，嘴角微微流露出笑意。

接著，小張拿出了房契，對女孩說：「這是我的房子，位在信義區，大概有六十多坪。」

女孩滿意地點點頭，看小張的眼神也變得溫柔。

這時，小張支支吾吾地說：「至於妳要求的第三個條件，就比較麻煩一點。但是，我昨天和醫生研究過了，如果妳堅持的話，醫生說可以運用外科手術，把我的那裡縮短成三十公分。」

人不可能十全十美，除非你的另一半是上天特別爲你量身訂做的，否則又怎麼可能處處符合你的條件呢？要找到一個完美的另一半簡直是天方夜譚，人不可能完美，但是我們卻可以用最完美的角度去看待他。

他長得不帥？有什麼關係！帥哥十個有九個花，剩下的那一個色。選老公又不是選美，忠厚老實合眼緣才最實際。

他沒有錢？那只是現在沒有，並不代表以後沒有，如果願意兩人一起好好打拼，成功只是指日可待。

愛情要講條件，但是也要講緣分。條件可以創造，緣分卻不可以強求。與其等待一個條件好卻與你無緣的人，不如好好把握眼前的緣分，牽著另外一雙手，一同努力去開創兩人幸福的未來。

# 只有配不配，沒有對不對

WISDOM

女人用矜持挑逗男人，同時也用矜持試探男人。女人想要的，是一個不管穿著衣服還是脫了衣服，都一樣是君子的男人。

男女相處其實就像跳恰恰，快一拍，你可能會踩痛對方的腳，但是慢一拍，對方又可能會無所適從。

男女之間沒有所謂的對不對，一切都只是合不合的問題而已。

小鳳從小就有口吃，講話總是吞吞吐吐的。

一天，小鳳的男友到她的宿舍找她，恰好屋子裡只有她一個人在。孤男寡女共處一室，難免令人想入非非，於是男友按捺不住胸中的熊熊慾火，開始對小鳳毛手毛腳……

一開始是親吻，接著是撫摸，只見小鳳躺在男友的身下，臉上流露出一副陶醉的表情。

「喔！不……」誰知，正當兩人的激情正到達頂點的時候，小鳳突然冒出了這個煞風景的字。

男友假裝沒有聽到，雙手仍然流連在小鳳身上。

「喔！不要……」小鳳再度叫喊出聲。男友心想，既然她這麼堅決地說不，自己也應該保持君子風度，尊重她才對。於是，男友把手抽了回來，對自己的壯志未酬感到有些悶悶不樂。

此時，小鳳的心跳稍稍緩和了下來，終於能夠把話講清楚了：「喔！不要……不要停！」

男友一聽，原本被澆熄的熱情又瞬間燃起，他把握機會，一鼓作氣地達陣成功，兩人開始沉浸在水乳交融的愉悅中。就在一切進行得有如做夢般美好時，小鳳突然又開口說：「好痛……」

這句話令男友急忙緊急煞車，畢竟他是男人，不是禽獸，怎麼可以眼睜睜看著女友受苦而自己仍大逞色慾呢？

男友眼一閉，牙一咬，強迫自己停止動作。小鳳深呼吸了幾口氣，總算又可以慢慢地把話給說清楚了，只見她結結巴巴地說：「好痛……好痛……好痛快！」

## 賤人就是矯情

法國戲劇家吉恩．吉蘭多恩克斯曾說：「等你逐漸了解女人之後，你就會知道，當你想盡辦法強迫她們的時候，她們是不願意的。但是，在這之後，她們會變得和你一樣熱情。」

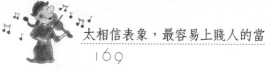

從男人的觀點來說，女人的矜持，是男人的惡夢，讓男人緊急煞車比讓男人不越雷池一步更加折磨人。

有個性學專家說：「男人喜歡女人矜持，但是只有在脫衣服前矜持。男人要的是一個穿著衣服的淑女，脫了衣服的浪女。」

只是，女人在床上靠的是感官，不是開關，怎麼可能隨時都能表現得男人想要的樣子呢？

女人用矜持挑逗男人，同時也用矜持試探男人。女人想要的，是一個不管穿著衣服還是脫了衣服，都一樣是君子的男人。

# 用欣賞的角度看待自己

WISDOM

不如用欣賞的角度看待自己，與自己的身體和平共處，只要功能不少，就已經是你最大的幸福與驕傲。

不管男人或女人，都是大的比較好。不過，不只是身材夠「大」，更重要的是信心比人大。

尖峰時段的電梯裡，人群擁擠得連一絲縫隙都沒有。

小張縮著肩膀、側著身體置身其中，被四面八方的人群擠得很不舒服。

特別是站在他後面的那個人，老是不停地推擠他，難道他不知道什麼叫做國民應有的禮儀嗎？

小張實在忍無可忍，鼓起勇氣回過頭去，大聲地對後面的小姐說：「小姐，拜託妳不要一直推我好嗎？」

「我哪有推你？我只是在呼吸而已！」原來是位小姐，挺著34D的胸部，一臉驕傲地回答。

下班時間，小張再度擠進了那部人山人海的電梯。

好巧不巧，早上站在他後面的那位波霸也擠進了這班電梯，只不過，這次她不是站在小張的後面，而是站在小張的前面。

下班時刻的電梯似乎比上班時間來得更加擁擠，風水輪流轉，這次換成那位小姐被身後的小張擠得受不了了。

她一氣之下，轉過頭來大聲地對小張說：「先生！請你拿好你的傘，不要一直用傘柄頂我好嗎？」

「可是……我沒有帶傘啊！」小張聳了聳肩，既無辜又得意地說。

上帝造物真的很奇妙，明明是大而無用的東西，卻成了吸引異性的關鍵。許多胸部大的女性都說，過大的胸部會在生活上造成許多不便，不但成了運動時的累贅，睡覺時更有可能壓迫到心臟。

大胸部的壞處其實遠遠多於好處，但卻是許多女性夢寐以求。與其自怨自艾，責怪自己的身體不長成自己想要的樣子，不如用欣賞的角度看待自己，與自己的身體和平共處。你會發現，無論體積大小，只要功能不少，就已經是你最大的幸福與驕傲。

# 貪心的男人總是得寸進尺

WISDOM

慾望是火，一點就著，男人滿足了自己的慾望，卻失去了女人對他的愛慕、尊重、信任……還有可能，連胃口也失去。

人總是貪心的，得到了一寸，就想要一尺。殊不知得到一寸是運氣，若還妄想得寸進尺，有可能會連那一寸也失去。

百貨公司的專櫃裡，一名男客人對女店員說：「我想買一雙手套送我女朋友，可是不知道她的手有多大……」

女店員服務周到，親切地笑著說：「那我的手借你比一下好了。」

男人聽了，立刻抓起對方的手，還有意無意地拿到懷中搓揉，過了許久才說：「嗯，妳就替我選一雙和妳的手差不多尺寸的手套吧！」

女店員雖然吃了悶虧，但也只求息事寧人，認真敬業地把手套包裝好，交到客人的手上。

只是，男人在接過手套之後，卻還一直站在原地，一副欲言又止的模樣，沒有一點要離去的跡象。

女店員見狀，問道：「先生，請問你還要買什麼嗎？」

男人想了一會兒，支支吾吾地回答說：「我想再順便買一件胸罩，可是不知道該買什麼樣的尺寸……」

## 賤人就是矯情

法國文豪巴爾札克在《人間喜劇》裡寫道：「別對男人的品格抱持過高

的希望，他給妳造成的痛苦，也許比他帶來的歡樂還要多。」

因爲，大多數男人所謂的愛情，其實都只是誇張的情慾，他渴望得到的不是妳，而是妳的軀體。

男人就是這樣，妳給他摸摸手，他就想摟上妳的腰，等到他摟上妳的腰，他又想一親芳澤，親過了以後，又會再妄想摸一把，摸了一把，接著便欲罷不能了……

慾望是火，一點就著，星火就可以燎原。男人以爲這樣佔了便宜，豈知他滿足了自己的慾望，卻失去了女人對他的愛慕、尊重、信任……還有可能，連胃口也失去。

# 珍惜眼前的每一次幸運

WISDOM

也只有遭遇過風雪的日子，我們才能學會克制自己的慾望，學會去珍惜眼前每一點每一滴小小的幸運。

世界上最幸運的事是什麼？

也許，不需要什麼意外之財，也不要什麼天賜福星，只要可以化解我們所遭遇到的不幸，就已經是世上最幸運的事情了。

阿呆問阿瓜：「什麼叫做幸運？」

「那還用說，當然是中樂透囉！」阿瓜想也不想便回答。

「當然不是！你的思想怎麼那麼膚淺？」阿呆一副不屑的模樣。

「要不然……」阿瓜說：「好吧！那就搭飛機的時候飛機意外失事，結果只有你一個生還！」

「不！這還不夠幸運！」阿呆說：「拜託你實際一點好不好？不要盡講一些不可能會發生在我們身上的事情！」

「那……有了！」阿瓜說：「那就是翹課的時候，老師點名，結果剛好跳過了你！」

「嗯……這挺幸運的，但是我最近還發生了更幸運的事呢！」

「什麼事？」阿瓜焦急的追問。

阿呆得意地說：「告訴你吧！最幸運的事莫過於，當你正在和鄰居太太做床上運動時，他的先生不知怎麼搞的，竟然提早回家並且來到了家門口，可是……那個大豬頭卻忘了帶鑰匙！」

所謂平安就是福，人生旅程中的各種災難，其實是爲了讓我們去體會自己究竟有多麼幸福。

平常日子裡的幸運，是錦上添花；大難臨頭時的幸運，則是雪中送炭。

只有在風雪的日子裡，我們才能體會到那些錦上之花是多麼的不必要，也只有遭遇過風雪的日子，我們才能學會克制自己的慾望，學會去珍惜眼前每一點每一滴小小的幸運。

# 腦袋空空，就要懂得用功

WISDOM

能勇敢承認自己不懂，是一種謙虛。若是明明不懂還裝懂，那你活該受到人們的嘲笑！

海龜下了千百個蛋卻都不動聲色，但是母雞下了一個蛋，就要叫得讓全國的人都知道。

據說，時下一些有錢人都只是荷包滿滿，但腦袋空空。尤其是那些自以爲了不起的貴夫人就更不用說了，一般而言，她們的知識僅限於時裝、化妝品和麻將而已。

一天，某位貴夫人到一家餐廳用餐，無意中聽見隔壁的兩名客人正滔滔不絕地談論了中國古代作家曹雪芹，話語間盡是對曹雪芹的崇拜與讚賞。

那名貴夫人爲了想要展現自己見多識廣、認識許多名人，便故意走上前去，很高興地說：「你們說的那個曹雪芹啊！我跟他可是好朋友呢！昨天我才和他一起打麻將打到半夜三點，結束之後，我還送他去坐捷運呢！」

一旁的人聽了，紛紛哈哈大笑，嘲笑這名太太的孤陋寡聞。

貴夫人覺得很不是滋味，回家以後，立刻把剛才發生的事一五一十告訴她先生，並且生氣地說：「笑什麼笑！有什麼好笑的！我眞搞不懂那些人在笑什麼？」

她的先生聽過之後也跟著笑了起來，說道：「妳眞是笨啊！妳想想，打牌打到半夜三點，上哪兒去坐捷運呢？妳在台北住那麼久，還不知道捷運只營業到半夜十二點嗎？」

人們之所以會有爭論，是因爲每個人都自認爲懂得很多，都急著要證明自己是對的。承認自己「懂」，需要的是自信；但要承認自己「不懂」，需要的則是勇氣。

知識是無窮無盡的，一個人哪能懂得全部的知識？一旦了解了這一點，你就會懂得以更謙遜的態度，把自己放在微小的位置去看這個廣大的世界。

別再擺出一副什麼都懂、什麼都在行的驕傲嘴臉，那只會讓你看起來更像個不學無術的小丑。

能勇敢承認自己不懂，是一種謙虛。嬰兒不也是什麼都不懂嗎？但是沒有人會恥笑他們的無知。

若是明明不懂還裝懂，那就活該受到人們的嘲笑！

# 心靈充實，才是真正的富足

WISDOM

一個不知人間疾苦的人，自然看不見世界有多大。不懂得分享的人，無論多麼富有，他的世界都是空虛、狹小而貧乏的。

如果你將自己所擁有的幸福視爲理所當然的事，那麼你可能會成爲世上最可憐的人而不自知。

因爲你無論擁有多少東西，始終少了帶給別人幸福的能力。

一名貧窮的乞丐因爲飢餓難耐，最後終於忍無可忍，跑到一戶有錢人家的花園吃起草皮。

屋內正在吃著美味大餐的男主人，透過落地窗看見乞丐的窘相，便好奇地走到院子裡，問道：「喂！你在幹什麼啊？」

「對不起！先生，我太餓了，所以忍不住啃了一點你們的草皮。」乞丐又是鞠躬，又是作揖，希望能夠取得男主人的諒解。

正如他所料，男主人聽了，臉上流露出同情的神色，對他說：「唉，真想不到這個世界上居然有這麼可憐的人！這樣吧，你跟我來，我給你更好吃的東西吃！」

乞丐於是跟著男主人進到屋子裡，一路上默默感激上天的恩賜與憐憫。

只是，當他們穿越了屋子來到了大宅的後院時，男主人卻指著眼前那一片翠綠的草地，對乞丐說：「來，這裡的草皮比前院的更新鮮、更幼嫩喔！你要啃就啃這裡的草吧！」

賤人就是矯情

一個人的富有與否，並不在於他擁有多少東西，而是在於他能夠和別人分享多少。因爲物質上的優渥，永遠不及心靈充實來得使人富足。

溫室裡的花朵，無論開得多麼嬌艷，也只能顯露出無知的放肆。而活在溫室之外的野花，因爲經歷過風雨，反而能更謙遜的看待世間一切事物。

同樣的，一個不知人間疾苦的人，自然看不見世界有多大。不懂得分享的人，無論多麼富有，他的世界都是空虛、狹小而貧乏的。

因爲他從來沒有感受過幫助別人的喜悅，從來沒有體會過別人的甘苦酸甜，又何來豐富多彩的心靈體驗呢？

# 聽不聽明不會左右你的人生

WISDOM

有人說：「性格決定命運」，「性格」指的不只是個性，還包含了品行。你究竟是不是個好人，這才是最重要的事！

每個人都希望當個聰明人，然而，智商高並不代表什麼，社會上有許多成功人士，他們的智商未必比別人高，只是比別人更加努力而已。

資訊展時，某廠商展出了一個ＩＱ測試器，只要把頭放進機器中，機器就會測出一個人的ＩＱ有多高。

小明和小華興沖沖來到了機器前，看見有人把頭放入機器中，接著機器上面的螢幕顯示了「一七九」這個數字，表示這個人智商高達一七九。

小明覺得非常有趣，迫不及待地也將自己的頭伸入進去，沒想到過了不久，螢幕顯示：「你的智商爲：一」，令小明看了非常沮喪，小華則在一旁笑得合不攏口。

輪到小華時，他認眞地把頭放入機器中，經過很長一段時間，螢幕竟然顯示：「請勿拿石頭開玩笑」，氣得小華當場轉身離去。

他們兩人有了這次的經驗以後，決定回家去閉關苦讀。隔了一年之後，小明和小華再度來到資訊展的ＩＱ測試器前。而經過一年的研發，ＩＱ測試器已將原本的螢幕顯示系統改爲語音程式。

小明先把頭放入機器內，幾秒鐘的工夫，機器便宣佈：「你的智商爲十」，小明聽了眞不知道該哭還是該笑。

接著，換小華把頭放入機器中，他的頭才放入沒多久，這台機器便疑惑地說：「咦，這顆石頭好面熟啊！」

這個世界上有四種人：聰明的好人、不聰明的好人、聰明的壞蛋，還有頭腦又笨心眼又壞的渾蛋。你認爲你是哪一種人呢？

聰明與否，其實和人的成就沒有多大的關係。但是一個人的品格是否高潔，卻會影響到他這一生的前途。

聰明的人也許學習能力比較強，做起事情來比較輕鬆。但是不聰明的人一樣可以勤能補拙，把事情做得和別人一樣好。此外，不聰明的人在學習過程中摸索的時間比較長，將來還能成爲最佳的老師，傳授自己學習的經驗。

腦袋聰不聰明，並無法完全左右你的人生。有人說：「性格決定命運」。「性格」二字，指的不只是一個人的個性，還包含了他的品行，你究竟是不是一個好人，這才是最重要的事！

# 懂得珍惜，就會變得神奇

WISDOM

身邊有個心愛的人，可以充滿數不盡的歡笑。愛情讓我們平凡的生活變得神奇，關鍵在於：我們是否懂得去珍惜。

只有兩個人的客廳裡，女孩驚訝地瞪大了眼睛，對男孩說道：「哇！你的怎麼這麼大一根！」

男孩聽了，得意地笑著說：「對啊！妳沒見過吧！」

「眞稀奇！趕快讓我嚐嚐看好不好？」女孩又是哀求又是撒嬌地說。

「眞是的！妳每次都要佔我的便宜！」

「拜託嘛！我舔一下就好……」

「那……好吧！」男孩禁不起撒嬌，半推半就地答應了，「可是，待會兒妳的也要讓我舔喔！」

「那有什麼問題！」女孩的眼神中滿是期待，說到：「快點！我先幫你把整根拔出來吧！」

「小心一點！不要折到了！」男孩憂慮地提醒。

女孩很快地張開嘴巴，一口含了進去，還不忘讚美道：「哇……啊……眞是太棒了！」

女孩抬起頭來，目光與男孩交會，舔著嘴唇心滿意足地說：「還是你這種口味的冰棒比較好吃！」

賤人就是矯情

莎士比亞曾經說道：「愛侶永遠看不見他們自己所做的傻事，因為愛情

是盲目的。」

身邊有個心愛的人，即使吃根冰棒，也可以充滿數不盡的歡笑。

一個人的風景再美，也不過是風景；但是，眼前如果再加上一個心愛的人，那麼，這幅風景就成了一個畫面、一個錦上添花的禮物、一份兩個人共同甜美的回憶。

愛情的滋潤，會讓我們平凡的生活變得神奇，關鍵就在於：我們是否懂得去珍惜。

國家圖書館出版品預行編目資料

賤人就是矯情／

血腥瑪莉著. —第1版. —：新北市, 前景

民107.08 面； 公分. - (勵智 Tips：02)

ISBN◉978-986-6536-70-0 (平裝)

作　　者　血腥瑪莉
社　　長　陳維都
藝術總監　黃聖文
編輯總監　王　凌
出 版 者　前景文化事業有限公司
行銷企劃　普天出版家族有限公司
新北市汐止區康寧街169巷21號9樓
TEL / (02) 26921935 (代表號)
FAX / (02) 26959332
E-mail：popular.press@msa.hinet.net
http://www.popu.com.tw/
郵政劃撥 19091443 陳維都帳戶
總 經 銷　旭昇圖書有限公司
新北市中和區中山路二段352號2F
TEL / (02) 22451480（代表號）
FAX / (02) 22451479
E-mail：s1686688@ms31.hinet.net
法律顧問　西華律師事務所・黃憲男律師
電腦排版　巨新電腦排版有限公司
印製裝訂　久裕印刷事業有限公司
出 版 日　2018 (民107) 年8月第1版
ISBN◉978-986-6536-70-0　　條碼 9789866536700

勵智 Tips

02

賤人就是矯情

普天之下·盡是好書

普天出版家族 Popular Press Family

凌雲文創 A-Plus Creative Company